中国新篇章

本书编委会　组　编

编　　委　徐浩洵
陈有钢
余　进
欧高敦（Gordon Orr）
华强森（Jonathan Woetzel）
梁敦临（Nicolas Leung）
主　　编　王磊智（Glenn Leibowitz）

执行主编　林　琳　张　雯

上海交通大学出版社
SHANGHAI JIAO TONG UNIVERSITY PRESS

内 容 提 要

本书以中国新篇章为主题，文章包括预测中国、中产阶级重塑中国消费市场、中国制造业迈入新时期、在PC+时代登上新高峰：杨元庆访谈录等。作者为麦肯锡全球各分公司的董事和顾问等。

本书可供中国企业高管和相关研究人员参考、阅读。

图书在版编目(CIP)数据

中国新篇章 /《中国新篇章》编委会组编. —上海:上海交通大学出版社,2013

(McKinsey Quarterly丛书)

ISBN 978-7-313-09813-9

Ⅰ.① 中… Ⅱ.① 中… Ⅲ.① 中国经济-经济发展-研究 Ⅳ.① F124

中国版本图书馆CIP数据核字(2013)第109033号

中国新篇章

《中国新篇章》 编委会 组编

上海交通大学 出版社出版发行

(上海市番禺路951号 邮政编码200030)

电话:64071208 出版人:韩建民

上海锦佳印刷有限公司印刷 全国新华书店经销

开本:889mm×1194mm 1/16 印张:8.25 字数:144千字

2013年5月第1版 2013年5月第1次印刷

印数：1~3030

ISBN 978-7-313-09813-9/F 定价:48.00元

导 读

无论中国新一届领导人是否着力重塑中国经济，中国经济都将发生改变。经济增速正在放缓，出口和投资已不再被视为拉动经济增长的引擎。公共政策的制定必然也将体现这些转变。简而言之，中国正在进入一个新阶段，必将不同于我们所熟悉的之前的中国。在本期《麦肯锡季刊》特别版中，我们着重讨论商业领导人面对中国新形势所必须了解的一些主题：

“再平衡”和新兴中产阶级。随着个人消费对中国经济增长的重要性越来越显著，对消费者提供服务将变得更加有利可图，但也更富挑战。《中产阶级重塑中国消费市场》一文重点分析了未来拉动消费增长的客户群——新兴的上层中产阶级、具有全球视角的年轻消费一代。同时，中国网络零售业的异军突起又增加了消费的复杂性。

生产向价值链上游延伸。中国新兴消费阶层的成长得益于工资增长，尤其是制造业。过去制造业主要靠低成本的出口来拉动，但为适应新形势，现在必须对运营体系进行升级，因为企业不能单纯以依靠廉价劳动力作为其唯一竞争优势。还要提高生产效率，梳理供应链、提升资本效率，同时满足国内消费者对高价值产品的需求。

技术与创新。消费者的期望值不断提高，这是在中国发扬创新精神如此重要且令人振奋的原因之一。我们与联想集团董事长兼首席执行官杨元庆的访谈中也提到了这一点，他认为创新精神对联想“PC+”战略至关重要。其他领先的中国企业也非常重视创新精神，它们开始与大学建立新型的合作伙伴关系，将知识产权保护植入公司文化之中，打造年轻、富有创造力的人才新基地。

企业能力建设。中国清华大学经济管理学院院长钱颖一认为，中国企业还缺乏推动下一轮增长所需的真正的领导、管理和运营各类人才。但中国正在朝这个方向努力，公司能力建设也是对正规教育的有力补充。详细内容请参阅《中国式能力建设》一文。

新的投资环境。建设更加智能和更加清洁的中国城市，为投资者带来了无限机遇。但是，我们与一群领先投资人讨论后发现，对于私募公司来说，唾手可得的增长性回报时代可能已经结束。更多参与运营（这需要更加完善的公司治理）——将是获取未来经济收益的主要推动力。

• • •

上述巨大而深远的变化为新进者和进攻者提供了赶超现有领先者的机会，使得现有领先者原本来之不易的主导地位充满变数。我们希望这一期的《麦肯锡季刊》可以帮助您在前进的道路上成功掌舵。

祝您开卷愉快！

Nicolas Leung（梁敦临）
麦肯锡大中华区董事总经理

Gordon Orr（欧高敦）
麦肯锡亚太区董事长

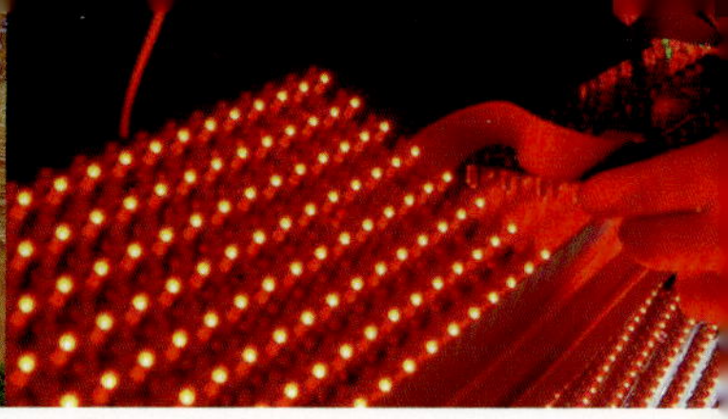

前瞻思考

26 预测中国

Gordon Orr

Gordon Orr（欧高敦）以个人名义发布对中国的年度预测已持续五年。在本文中他对正确和错误的预测结果做了一番盘点，并坦承从中学到了什么。

聚焦新中产

34 中产阶级重塑中国消费市场

Dominic Barton，陈有钢，金春芳

人口结构的代际差异、内陆城市的快速崛起，正有力地塑造着中国消费市场的新格局。

39 赢取中国新中产

Max Magni，Felix Poh

至2020年，相对富裕的消费群将成为中国城市人口的主力。为了服务他们，跨国公司必须做出调整。

45 中国网络零售革命：线上购物助推经济增长

陈有钢，张如琪，Richard Dobbs

网络零售业将继续释放累积的消费需求，并培育数量庞大的新生网络消费者，必将对中国经济产生更为深远的影响。

聚焦制造业

54 中国制造业迈入新时期

Karel Eloot，黄学川，Martin Lehnich

以中国低廉的工资水平和飞速的经济增长为基础的战略恐难以为继。在新的挑战下，必须发展新的核心竞争力。

65 抓住中国节能机遇：案例研究

王平，傅源，陈晨

企业节能首先要从改变理念入手——而不是改进设备。中国一家大型国有企业的最新进展为各个领域的企业提供了宝贵的参考经验。

聚焦科技创新

72 在PC+时代登上新高峰：杨元庆访谈录

作为世界最大的电脑制造商之一，联想希望其移动设备业务有力地补充而非取代个人电脑（PC）业务。

77 中国式创新：新趋势和新突破

Gordon Orr，Erik Roth

从基因科学到移动应用程序的创新将取得重要进展，但透过表象看真实情况具有更深远的意义。

聚焦能力建设

86 培养中国商业领袖：对话钱颖一

麦肯锡董事长兼全球总裁Dominic Barton (鲍达民）对话清华大学经济管理学院院长钱颖一，探讨了中国一流商业领袖的特质，以及未来继续成功所必备的技能。随着国家的变革，一流商业领袖的特质也在变化。

91 中国式能力建设

王平，Karel Eloot，Gernot Strube

能力建设已被诸多中国企业视作一大当务之急。我们在此提出三大建议：理实交融、激励并举和植根文化。

聚焦企业金融

96 私募股权圆桌访谈：来自一线的经验

投资人若懂得运用不同的技能组合，未来仍大有可为。

102 尽职调查：艺术、科学和自卫

David Cogman

中国赴海外上市公司的退市风潮引发了投资人对尽职调查的再思考，更加大了对暴露个中问题的微妙线索的搜查力度。

前沿洞见

02 中国基础设施建设：未来蓝图

Jonathan Woetzel，陈有钢，Stefan Matzinger

中国是全球基础设施投入最大的国家。本文对中国所取得的成就及未来机遇进行了分析。

产业动态

12 广告业

14 医疗保健业

16 银行业

10 中国长途货运业一瞥：图说

Rachel Katz

这是作者在中国货运调研（由Fulbright Program提供资助）时拍摄到的照片，展示了中国货运欠发达却充满生机的特点。货运的持续现代化将是中国经济发展与环境的关键改善因素。

18 世界金融版图之中国新角色

Richard Dobbs，Nicolas Leung，Susan Lund

中国的金融市场不断深化，外资持续注入投资，资金也在向外流出。要胜任全球金融强国的新角色，中国需要具备什么条件？

聚焦城镇化2.0

112 户改：让更多人圆市民梦

Jonathan Woetzel，陈有钢，李秀军

把握机遇打造城镇化2.0版，必然涉及户籍、金融、财税等重大改革课题。我们将从本期开始逐一作介绍及探讨，以期抛砖引玉，凝聚共识。

118 中国城镇化新思考
——“城市中国计划”专家做客“城市会客厅”

城市中国计划联席主席、麦肯锡全球资深董事Jonathan Woetzel（华强森）和麦肯锡全球资深董事、中东及非洲基础设施项目负责人Herbert Pohl（郝伯特·波尔）与国家发改委城市和小城镇改革发展中心主任李铁一道，聚焦城市发展热点、重点和难点问题，以国际视角探讨中国城镇化。

其他栏目

思想交流

我们的读者就季刊发表的文章与作者展开互动。

108 趋势

如火如荼的中国网络零售业

思想交流

我们的读者就季刊发表的文章与作者展开互动。

《麦肯锡季刊》刊登了两篇展望中国前景的文章：《2013年十大预测看中国》（作者Gordon Orr），以及《中国经济下一站》（作者Jonathan Woetzel、程欣和李秀军）。这两篇文章在网上引起了热烈的讨论。

《2013年十大预测看中国》

Kathleen Brush
kathleenbrush.com, 西雅图, 华盛顿州

"中国经济必须摆脱低成本生产模式，向创新转变。近几年中国的专利备案已经达到历史新高，事实上这仅仅是在已有创新基础上的增量性改进。如果中国制造的产品不能更好、更快和更便宜，那么对中国制造的需求就会大打折扣。"

作者答复：

"Kathleen，您说的很对。中国备案的专利质量的确参差不齐。虽然中国企业正加大研发投资，很多企业也取得了长足进步，但未来几年，继续推动中国经济增长的将是国内对更高价值产品的需求，而非对深度创新产品的需求。的确，苹果在2012年销售收入接近250亿美元，但智能手机的核心市场仍属于那些产品售价在100美元到150美元的本土企业。同样，在B2B市场中，绝对量是属于价值细分市场的，因为成本削减是最为重要的。"

《中国经济下一站》

Manjula Nair
加州州立大学北岭分校,史蒂文森牧场, 加州

"发展越快，态度就要越审慎。中国必须注重资源短缺和环境可持续发展的问题。最近中国大城市严重的空气污染为政策制定者提出了新要求，即发展经济的同时，确保健康的城市生活。"

作者答复：

"资源匮乏以及城市化带来的社会和环境问题，已经成为中国政府领导层所关注的重点。最近召开的两会就强调了从土地城镇化向人的城镇化模式转变——兑现政府的承诺，即合理配置社会资源，提高人民生活品质以及共同富裕。中国对环境的投资将会持续增加，同时也会对城市规划、财政和政府绩效等指标重新思考。这些都是长期问题，需要全社会长期的共同努力。"

网络分享

您现在可以在 iTunes 收听和下载“麦肯锡谈中国”播客

播客链接：http://www.mckinseychina.com/zh/podcasts/

iTunes链接：https://itunes.apple.com/cn/podcast/mckinsey-on-china/id409735817

McKinsey on China Podcast

麦肯锡的专家就中国时下最热的经济话题展开深入对话。

麦肯锡大中华区总经理梁敦临是这一系列访谈的主持人。

关注《麦肯锡季刊》中文微博，我们在

http://e.weibo.com/mckinscyquarterlycn

ID：麦肯锡季刊

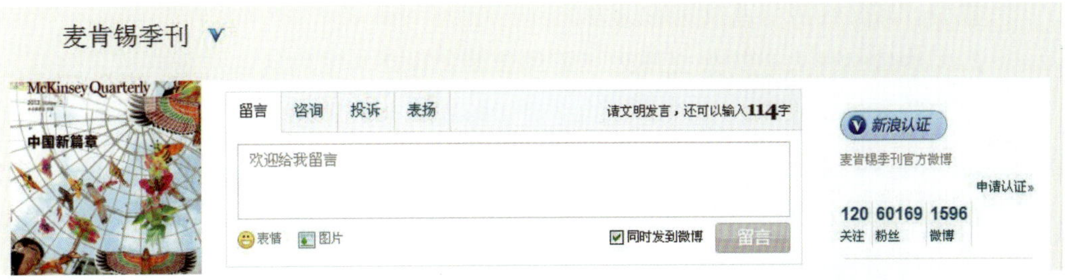

本书可在当当网和亚马逊网上订购

产业动态

02 中国基础设施建设：未来蓝图

10 中国长途货运业一瞥：图说

12 广告业

14 医疗保健业

16 银行业

18 世界金融版图之中国新角色

中国基础设施建设：未来蓝图

Jonathan Woetzel，陈有钢，Stefan Matzinger

中国是全球基础设施投入最大的国家。本文对中国所取得的成就及未来机遇进行了分析。

基础设施开发对中国政府而言仍属战略重点，长期以来的指导思想是经济现代化离不开公路、铁路、电力和电信建设。从20世纪90年代后期到2005年，一亿中国人受惠于电力和电信改善工程。从2001年到2004年，每年农村公路投资增长率高达51%。近年来，中国政府通过加大基础设施投资，减轻经济增速放缓的压力。

中国领导人也为未来规划了宏伟蓝图：让全中国的城市基础设施达到中等收入国家水平，并用高效的交通运输网将各地区紧密连接起来。本文以事实为依据分析了蓬勃发展的基础设施行业。

投资领袖

随着经济的持续发展，中国每年投入GDP的8.5%进行基础设施建设，远超过其他国家或地区的水平，这个数字是快速增长的印度的两倍，拉丁美洲的四倍（见图1）。就绝对额而言，中国的基础设施年支出已经超过了美国和欧盟。在过去的20年中，基础设施投资多用于公路、电力、铁路和水利。基础设施的快速扩张也引发了人们对于设计、材料和建造质量的担忧，2011年由于信号故障造成的重大高铁交通事故和近年来多起桥梁坍塌事故就是问题的集中体现。另外，准确把握投资水平、运营成本和使用票价也是挑战重重。这个问题近期进入了公众的视野，因为老百姓发现自己难以负担昂贵的高铁票价。

图1 中国已经取代了美国和欧盟成为世界上最大的基础设施投资国

1992–2011年的基础设施支出

基于各国GDP的加权平均值

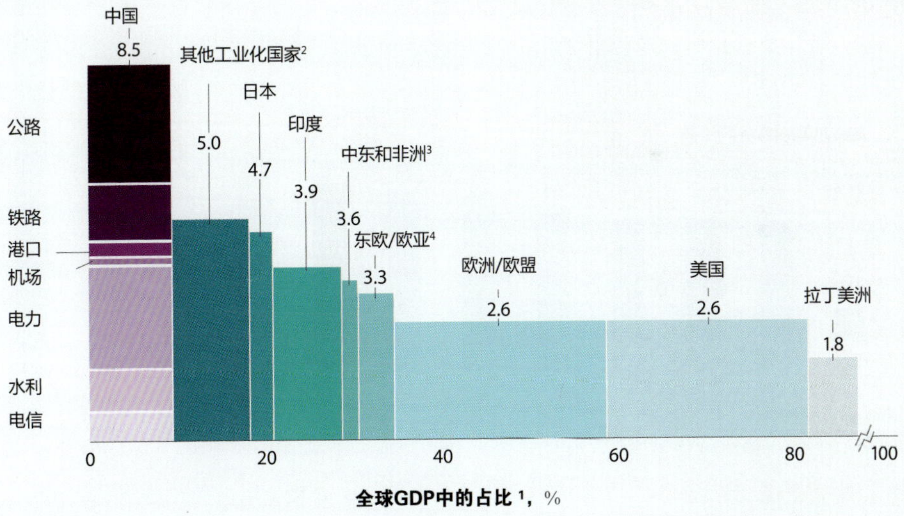

[1] 分析中的86个国家包含了世界GDP的87.1%，余下的12.9%的国家没有涉及

[2] 澳大利亚、加拿大、克罗地亚、冰岛、列支敦士登、新西兰、挪威、新加坡、韩国、瑞士、台湾（中国台北）和阿联酋

[3] 不包含尼日利亚异常高的港口和铁路数据。如果包含，总的加权均值将达到5.7%

[4] 阿尔巴尼亚、阿塞拜疆、保加利亚、格鲁吉亚、拉脱维亚、立陶宛、马其顿、马尔多瓦、黑山、罗马尼亚、俄罗斯、塞尔维亚和土耳其

资料来源：HIS环球通视，全球水务情报局，国际能源机构（IEA），经济合作与发展组织（OECD）的国际运输论坛，麦肯锡全球研究院分析

追求世界级

中国的基础设施存量在GDP中的占比已经高于世界平均水平。事实上，中国的资产基数在GDP中的占比高于加拿大、德国和美国等发达国家（见图2）。尽管近年来建设质量稳步提升，中国的基础设施在世界经济论坛的全球竞争力因子调研中仅排名第44位。评估基础设施渗透率的全球标杆研究表明，中国最大的优势在于电信和电力系统。在电话和互联网使用以及电气化方面，中国不仅领先于发展中国家的平均水平，还直逼发达国家水平。而在公路铺设比例和提高水资源可得性方面表现欠佳。

图2　中国的基础设施存量在GDP中的占比已经超过世界平均水平

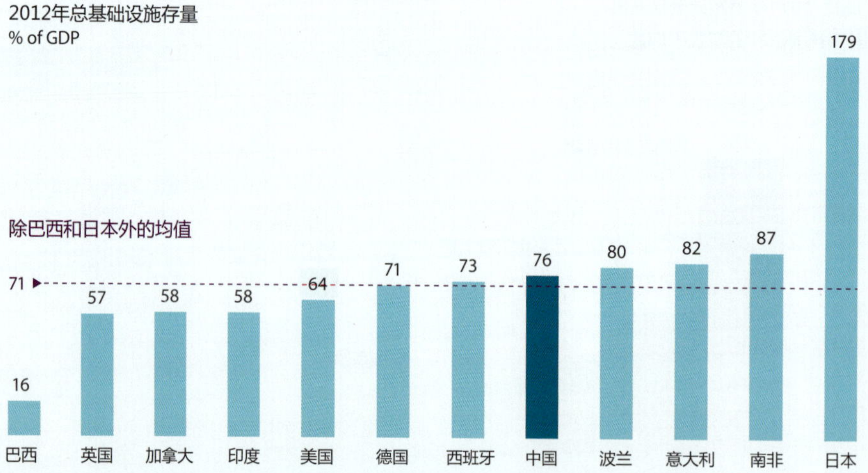

资料来源：HIS环球通视，全球水务情报局，经济合作与发展组织（OECD）的国际运输论坛，OECD永续盘存法，麦肯锡全球研究院分析

宏伟蓝图

中国领导人为相关基础设施行业制定了宏伟目标：从现在至2020年，中国建设70座新机场，新增4.3万公里高速公路，大力扩张港口设施（见图3），至2015年铁路里程新增2.2万公里。展望未来，我们预测从现在到2030年，中国在此类基建项目上需花费160万亿美元（占GDP的6.4%）才能维持现有的资产存量水平。电力、公路、电信和水利仍将是投资重点。

图3 中国计划大力扩张各关键基建行业以推动未来增长

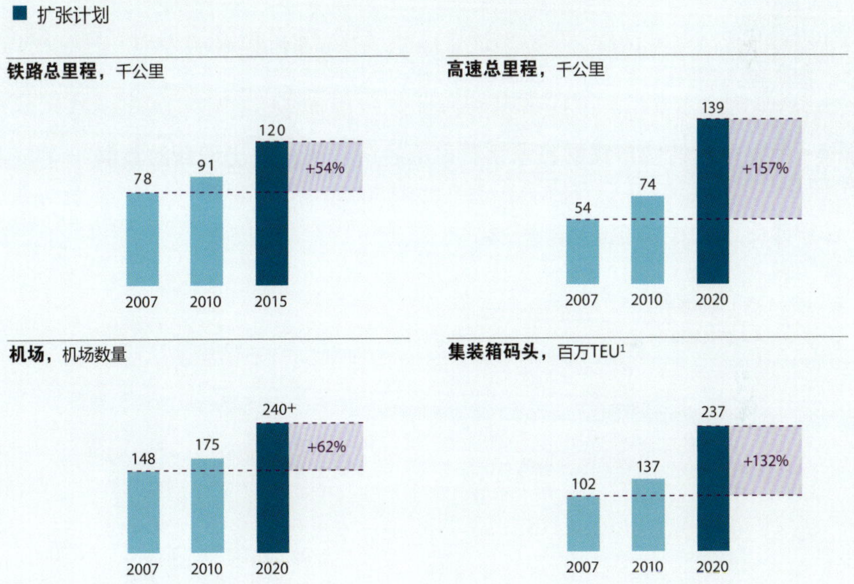

[1] 20英尺集装箱单元

资料来源：HIS环球通视，全球水务情报局，经济合作与发展组织（OECD）的国际运输论坛，OECD永续盘存法，麦肯锡全球研究院分析

基础设施的资金从很大程度上还将来自国家财政。中国各级政府承担了96%的基础设施建设资金。具体而言，政府承担了99%的城市公交和机场项目，80%~85%的电力、水利和港口项目资金。余下的由私营部门投资。随着基础设施建设资金从2001年的1160亿美元攀升至2010年的5000亿美元，工程建筑公司也如雨后春笋一般，从4.5万家猛增到7.1万家。无怪乎全球十大建设工厂公司（根据2010年收入）中有五家来自中国。

区域整合

新蓝图巧妙地将基础设施建设、城市开发和区域经济增长连接到一起[1]。沿海中心城市作为中国最大、最富裕的经济区域，将继续大力投资贸易相关的基础设施。但在未来，产业增长更快的内陆地区将享受更大比例的基础设施投资。中国还在准备建设十大物流走廊，通过新增铁路、高速和桥梁枢纽连接各大城市集群（见图4和图5）。内陆地区将获得额外拨款，用以提高资源利用率和应对环境问题。东部大城市中的一部分基础设施投资将着力于实现从传统制造业向高科技、服务业和先进制造业的转型。

图4 中国内陆的城市集群将承担更多的经济份额，并出现新的集群

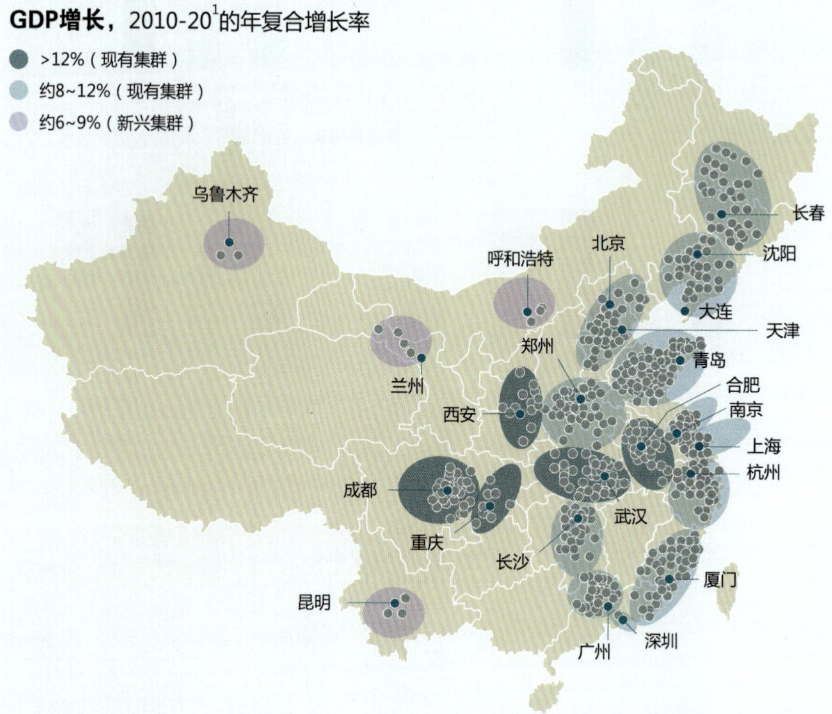

1 实际工业CAGR（年复合增长率），政府规划包含四个新兴集群：呼和浩特、昆明、兰州和乌鲁木齐，虽然目前他们的城市人口和经济规模较小。

1 十二五规划中明确规定了基础设施发展目标。

图5 基础规划中设定的新物流走廊将连接以下全新和新兴的城市集群

已规划的关键物流通道

1. 东北到山海关地区之间
2. 连接华东的南北地区
3. 连接华中的南北地区
4. 东部沿海到西北之间
5. 东部沿海到西南之间
6. 西北到西南之间
7. 长江到和大运河之间

另外两条全国物流通道用于煤炭和进出口；

第10条连接中国西南部和东南亚

资料来源：2009年3月，国务院物流业调整和振兴规划；麦肯锡分析

施展空间

经过多年高于世界平均水平的基础设施投资，中国打下了很好的基础设施基础。我们假定相关投资将维持现有水平。但是估计中国可能将未来的投资从现有GDP的8.5%降低到6.4%，同时保持存量占GDP总量的71%，这是世界前十大经济体的平均水平（见图6）。相对而言，我们估计全球的平均基础设施投入有待提高，需从GDP的3.8%提高到4.1%才能维持现有存量的质量。对于巴西、印度和美国等诸多国家而言，投资会增长得更快。

图6 未来中国可以在基础设施投入低于历史水平的同时，保持恰当的基础设施存量比例

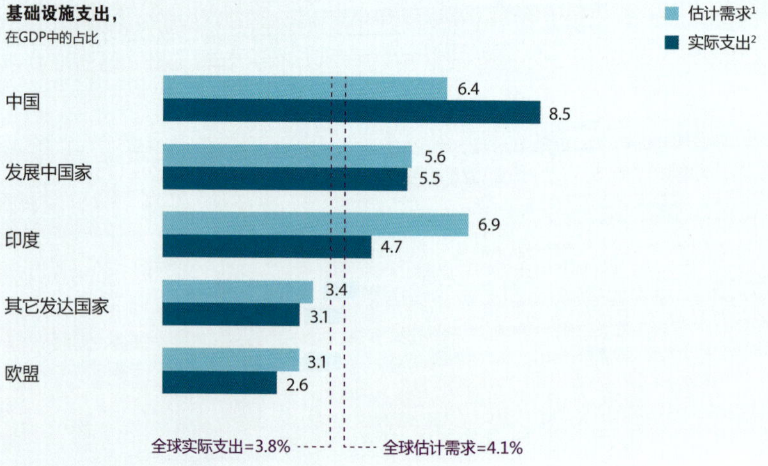

1 基于2013–2030年的增长预测

2 1992–2011年有数据年份的加权年均支出

资料来源：IHS环球通视，国际水务情报局（GWI），经济合作与发展组织（OECD）的国际运输论坛，OECD永续盘存法，麦肯锡全球研究院分析

如果中国维持现有的高投资水平，将有可能重蹈日本的复辙（即引发争议的基础设施过度投资）。同时还存在机会成本的问题。中国若降低基础设施的投资比例，可以释放一部分资源发展服务业（该行业需要资本投入创造就业）和投资科研（例如：能源效率和可再生能源）以减轻工业化对于环境的负面影响。中国可以通过提高基础设施生产率进一步减少投入，关于这一话题请参阅麦肯锡全球研究院的相关报告[2]。

2 本报告由麦肯锡全球研究院撰写，全文内容参见mckinsey.com，2013年报告《基础设施生产力：如何每年节省1万亿美元？》

• • •

经过多年基础设施的强劲投资之后，中国领导人的关注点转向了如何让城市和地区受惠。要实现这一目标就需要全新的基础设施生产率观念，相较地方政府的常见做法，这一理念要求加大私营部门的参与度，加强管理纪律和提高项目治理。尽管外国企业有足够的能力，但过去政府在项目上大包大揽，只为企业留了很小的施展空间。相较而言，中国的房地产行业允许私营企业大量地参与项目管理和融资，有效地降低了成本。

虽然面临诸多挑战，基础设施在规模和区域的扩展趋势却是不可逆转的。中国的快速城市化和工业化进程令人们在故地重游时常有沧海桑田的感慨，而下一波基础设施投资将在现有的巨大成就之上开创截然不同的新格局。○

作者们谨向Priyanka Kamra和王路对本文作出的贡献表示感谢。

Jonathan Woetzel（华强森）是麦肯锡全球资深董事，常驻上海分公司；

陈有钢是麦肯锡全球董事和麦肯锡全球研究院中国院长，他同时也是大中华区消费与零售业务的负责人；

Stefan Matzinger（莫林泽）是麦肯锡全球资深董事，常驻香港分公司。

中国长途货运业一瞥：图说

Rachel Katz

长途货运对中国经济的作用不可小觑，占到国内货柜运输量的76%。但是这个行业相当分散且效率低下——尤其是内陆地区，而随着企业西进寻找更廉价的土地与劳动力，内陆地区的制造与消费正迅速增长。这是作者在中国货运调研（由Fulbright Program提供资助）时拍摄到的照片，展示了中国货运欠发达却充满生机的特点。货运的持续现代化将是中国经济发展与环境的关键改善因素。

中国的货运业相当分散，业主大多是运输个体户，且兼任司机，约700万家公司平均每家拥有不到两台货车。华中地区大多数业主都会雇用副驾驶轮班，这样可以跑得更远。

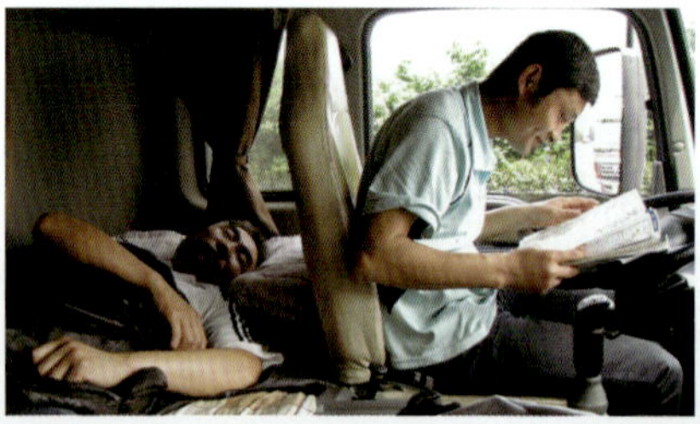

对这些身兼司机的小老板来说，路况不佳、货物超载、利润微薄等种种现实，代表货车使用率高，而且往往保养不佳，对空气的污染也因而增加。为了糊口，他们纷纷改装车辆，以增加每趟载运的货物量。然而，由于小老板和客户之间协调不佳，加上规划的路线效率不高，导致高达40%的运输都是空车返回。

司机在成都的船山货运市场寻找货运工作。附近工厂通过小中介公司在黑板上列出运货信息，有意向的司机进行竞价。

工人在四川某家偏远工厂外面把烟草搬上货车。货物的装载安置过程繁重而漫长，通常是人力劳动进行。由于天气、客户协调不良等因素，驾驶员可能得等上几个小时甚至几天才能出发。

中国正以极快速度在中西部地区造桥铺路，但由于这些地区地势险峻，工程十分艰巨。许多新建公路一盖好就壅塞严重，长时间延误乃家常便饭。

Rachel Katz是麦肯锡公司旧金山分公司咨询顾问。她在2011年获得富布赖特奖学金学者期间，研究了中国的货运行业，其研究精华将于近期出版成书，相关内容目前可参阅longhaulchina.com网站。

产业动态

把脉中国广告业投入

章溟，叶强生

中国的广告投入正在经历一场巨变。

中国已成长为全球第三大广告市场。按照目前的发展趋势，预计至2016年，中国广告市场将近乎翻番，有望超过700亿美元。如同全球前两大广告市场(美国和日本)，电视在中国的广告投入类别中所占比例依旧最大（约为40%）。

当然，这其中也不乏有趣的差异。与美国和日本的企业相比，中国的企业对网络广告投入相对较多，而对平面印刷类广告的投入相对较小。实际上，我们的研究显示，在中国，对平面印刷广告的投入正持续稳定地下降。预计2014年，平面印刷类广告投入将少于户外渠道——广告牌和海报。由于国家对这类广告的监管相对宽松，故而它们大多出现于商业写字楼里的公共空间，特别是电梯间或电梯周围。相比之下，在日本，户外广告虽也流行，但主要是在户外露天和公共交通的地方（见图）。中国的移动广告将大幅增长，但仍旧只占广告总投入的小部分，因为从移动广告盈利仍旧是一个挑战。

图 数字广告在中国发展迅猛，广告牌和海报依然广受青睐

年度广告花费比例，按渠道划分，[1] %

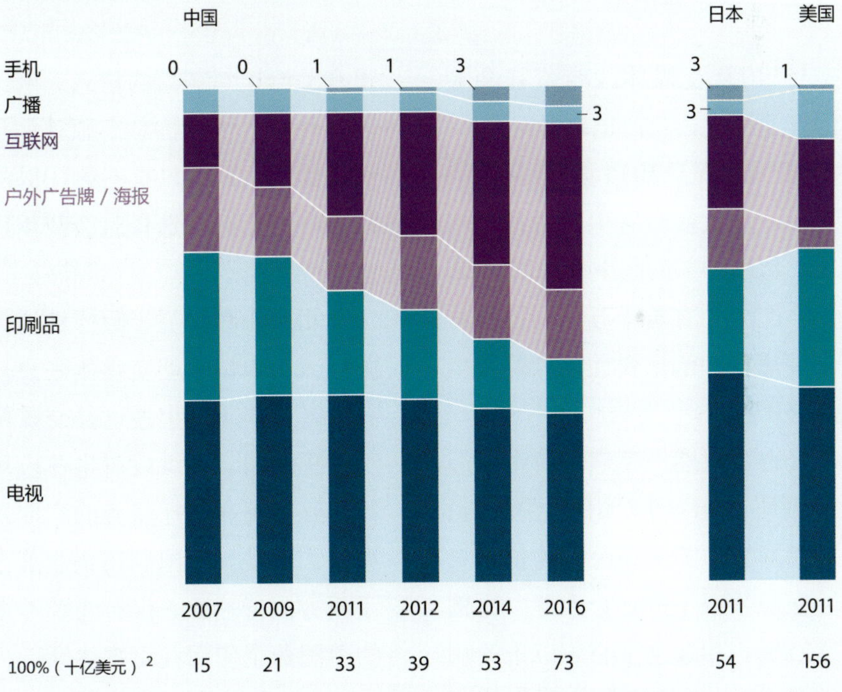

[1] 以下比例相加不一定完全等于100%，因为2014和2016年的数据都是预测值

[2] 根据每年的正常价格，2012年的数据是估计值，2014和2016年的数据是预测值

资料来源：iResearch；盟诺公司；Strategy Analytics；Zenith 研究集团；麦肯锡分析

章溟是麦肯锡全球董事，常驻上海分公司；

叶强生是麦肯锡全球副董事，常驻台北分公司。

产业动态

社交媒体上的中国药企

邱心怡，Chris Ip，Ari Silverman

中国的医生们活跃于社交媒体，众多医院也投身其中，而中国的制药企业慢了一步。

中国社交媒体改变着社会大众的行为模式，当然也包括医生[1]。丁香园（DXY）2011年6月所做的调研显示，大多数医生对微博都不陌生，超过50%的医生有微博[2]。某些知名医生拥有数十万名的微博粉丝，肿瘤科和治疗慢性疾病的医生是最受欢迎的。

麦肯锡近期一项病人对中国医院的调研显示，17%的中国病患会利用网络作为选择医院的信息来源，在25岁以下的细分人群，比例更达28%，相较之下45岁以上的病人则只有8%会这么做。同样的，12%的年轻消费者会用社交媒体取得有关治疗与药品的信息。网络已取代其他传统信息来源（如平面媒体），目前只有不到10%的病人在考虑医疗选择时会使用这些传统来源[3]。

北京协和医院等医疗机构为医疗人员申请了社交媒体账户，有时甚至要求医生通过社交媒体与病患沟通。各级政府也在应用社交媒体提高医疗服务的广度及质量。但是，中国制药企业落在了西方同行后面，仅有为数不多的中国药企使用社交媒体倾听、了解并处理医患双方的需求。○

1 Chris Ip，Ari Silverman，邱心怡：《制胜中国社交网络市场》（“Understanding social media in China”），麦肯锡季刊（中文），2012年第2期，mckinsey.com。

2 根据丁香园（www.dxy.com）2011年6月所做的调研。丁香园是专门服务医疗从业人员的知名网站，目前超过320万名会员。

3 数据来自麦肯锡对1098名中国患者的调研。

图 受访中国医生中有3/4使用社交媒体

使用社交媒体[1]，受访医生百分比 (n = 2,056)

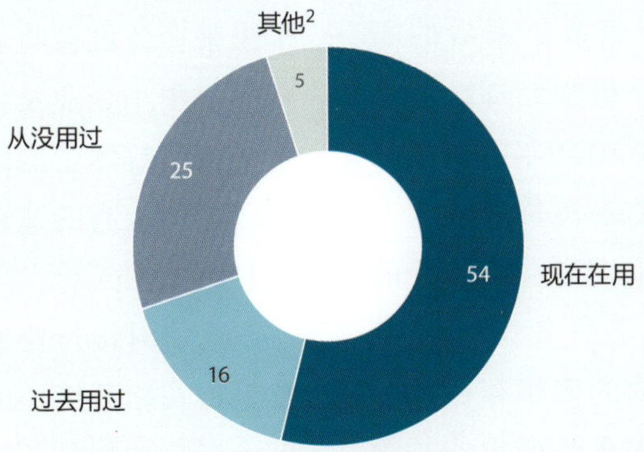

[1] 用以专业内容指导（如，讨论医疗，科学及技术，以及药品相关信息）以及个人兴趣（如，运动，财务）。多数形 式为微博，比传统博客文字较少，文件尺寸也较小

[2] 包括1%从未听说社交媒体，4%未回答问题

资料来源：2012年DXY对2056位中国医生的调研

如希望了解更多信息，请登录mckinsey.com下载完整报告：“Healthcare in China: Entering uncharted waters”

邱心怡是麦肯锡全球副董事，常驻上海分公司；

Chris Ip（叶远扬）是麦肯锡全球资深董事，常驻新加坡分公司；

Ari Silverman（温雅力）是麦肯锡全球董事，常驻上海分公司。

产业动态

中国银行业的转型挑战

Emmanuel Pitsilis，徐军，廖红英

对中国银行业，从更多关注大企业向更多服务消费者及中小企业转型是巨大挑战。

中国银行业多年来看似一帆风顺，银行分析师们却顾虑重重。一方面忧虑2009年四万亿经济刺激所遗留的不良贷款问题，另一方面担心未受到严格监管的信托公司肆意出售各类理财产品。这些问题的的确确存在，但银行高管面临着更为严重的长期问题。

根据国际对标、中国历史增长模式及对未来改革的理解，我们进行了预测。该预测显示，由于未来业务机会将从大型国有企业转移至中小企业及日益庞大的中产阶级消费群体，因此中国银行市场将以前所未有的速度发生变化（见图）。

这将对银行业务及组织模式以及银行在新环境中的制胜能力产生巨大影响。姑且不论目前分析师们担忧的周期性问题，银行如果无法对结构性转变积极反应，那么保持利润将面临越来越大的压力。○

图 中国银行业市场细分趋于均衡化

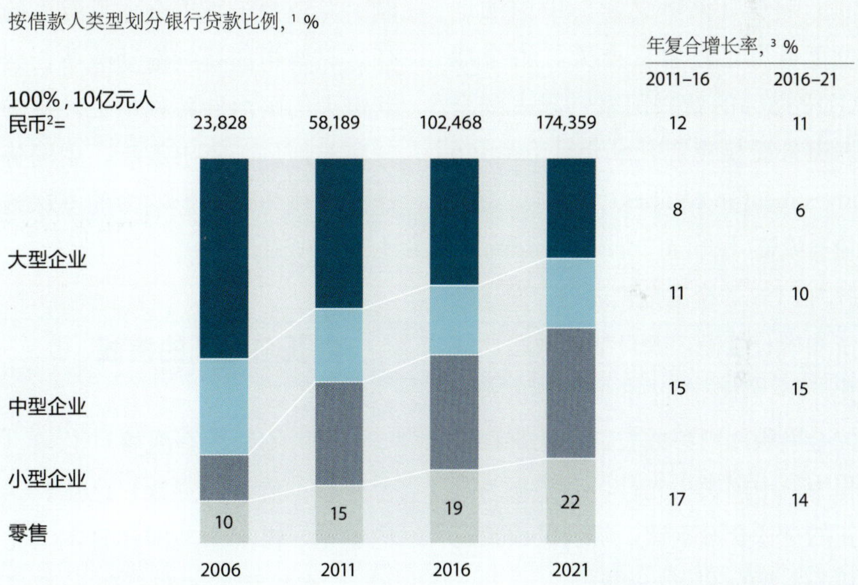

1 由于四舍五入，数字总和可能不满100%；2016年至2021年数据为预测
2 2011年平均6.46人民币=1美元
3 年复合增长率

资料来源：中国人民银行；银监会；麦肯锡分析

Emmanuel Pitsilis（姚万里）是麦肯锡全球资深董事，常驻香港分公司；
徐军是麦肯锡全球董事，常驻上海分公司；
廖红英是麦肯锡知识专家，常驻上海分公司。

世界金融版图之中国新角色

Richard Dobbs，Nicolas Leung，Susan Lund

中国的金融市场不断深化，外资持续注入投资，资金也在向外流出。要胜任全球金融强国的新角色，中国需要具备什么条件？

中国是全世界最大的储蓄国，在新兴市场对全球金融版图的影响与日俱增之际，中国的地位更显举足轻重。今天，占全球GDP38%的新兴国家，只占到全球海外股权投资（global foreign investment in equities）的7%，海外债券投资（global foreign lending）只占13%[1]。金融危机过后，发达经济体增长缓慢，人口结构问题严峻化，新兴国家似乎准备好在重构中的金融版图顺势成长。在此重构过程中，中国领头先行，有望成为真正的全球金融重镇，将人民币塑造成为主要的国际流通货币。

然而，这个封闭多年的经济体——尽管坐拥超过3万亿美元的外汇储备——无法做到在一夜之间敞开门户。倘若中国要更有效吸引资金、配置资金，中国国内金融市场必须进一步深化改革，提高政府、企业和家庭的投资回报。与此同时，必须逐步降低对个人和企业投资海外以及外国人投资中国的限制，并致力于赢得全球投资人的信任。只要中国持续推动改革，结合其庞大的国内储蓄和举足轻重的全球贸易地位，不出数年，中国势必能跃身成为最具影响力的全球资金来源提供国。

增长与增长的挑战

中国的国内金融资产总值（包含股票、债券和贷款）已达17.4万亿美元，仅次于美国和日本（见图1）。在短短二十年间增长超过了十倍，这还不包括香港的资金“桥梁”作用。

发达经济体的银行贷款在去杠杆化的普遍作法下停滞不前，中国的银行贷款自2007年增长了5.8万亿美元，达国内生产总值的132%——高于发达经济体123%的

1 本文改编自麦肯锡全球研究院报告“Financial globalization: Retreat or reset? ”，2013年3月，mckinsey.com。

图1 2007年以来贷款涌现，中国金融资产因此增加3.8万亿美元，但增长速度未与国内生产总值齐步

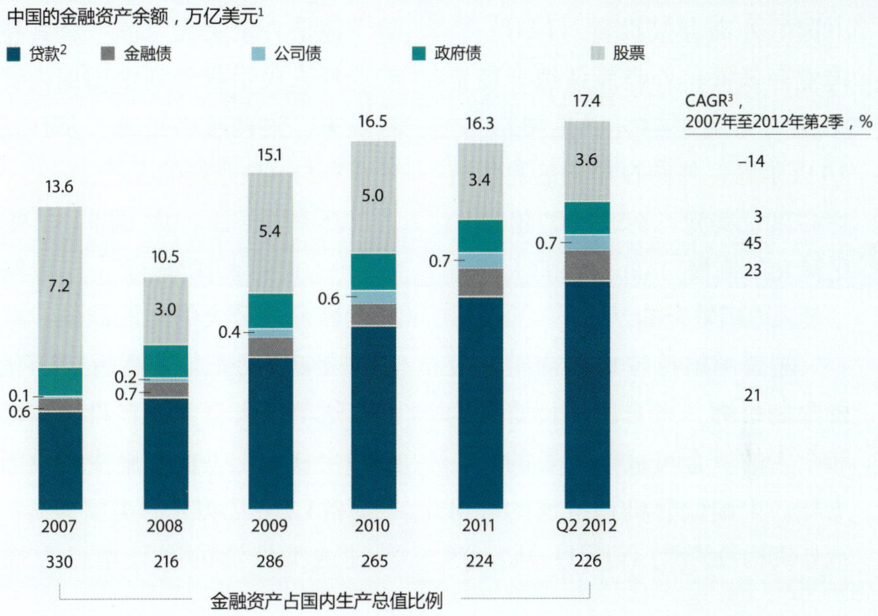

1 2011年固定汇率；由于四舍五入，数字加总起来不一定为100%
2 证券化和非证券化贷款总计
3 复合年增长率

资料来源：麦肯锡全球研究院分析

平均比例。中国约有85%的贷款是贷给企业，其余则是贷给家庭。监管机构尝试为过热的房地产等市场降温，但贷款的快速增长仍然加深了授信泡沫和未来不良贷款窜升的担忧。

中国的公司债市场也在增长当中。过去5年，非金融企业的债券余额每年增长45%，金融机构的债券则增长23%[2]。由于中国债券市场的借款程度远低于发达经济体，因此进一步增长的空间很大。事实上，中国蓬勃发展的各产业可以把债券融资作为替代资金来源，让银行能够增加对家庭和中小型企业的贷款。

然而，自全球金融危机和经济衰退后，中国股票市场欲振乏力。一些主要股票市场都已出现反弹，但中国的总体市值却自2007年以来下跌了50%，从2007年7.2万亿美元重挫至2012年第二季的3.6万亿美元。显示出中国股市与其他新兴经济体一样震荡激烈。

跨境投资潮

全球跨境资金流于2008年崩

2 复合年增长率。

盘，之后比金融危机前的高点低了60%，但中国却得以幸免。中国的外商直接投资（FDI）、跨境存贷款、外商股债组合投资比2007年高了44%（见图2），2011年底，外商在中国的总投资达4770亿美元，高过2007年3310亿美元的高峰[3]。外商企业大约占了流入中国资金的2/3。

随着中国持续对外商组合投资限制松绑，来自国外投资机构和个人的资金可成为增长的又一支柱。中国监管机构批准的合格境外机构投资者（QFII）从2005年的33家增加到2012年207家，且必将持续增加。同时，监管机构也给予注册外资更大空间，将其持有的境外人民币投资到中国国内资本市场来。这两项举措进一步打开了外资参与这些市场的大门。

众所周知，中国的中央银行——中国人民银行——累积了全世界存量最大的外汇储备：截至2012年底其外汇储备高达3.3万亿美元。这笔庞大资金大多投资在低风险的主权债上（例如至少占中国外汇储备1.2万亿美元的美国国债），不过这类投资的增长率已大幅减

图2 2007年以来，全球跨境资金流减少了60%，但中国的资金流却屡创新高

中国资金的流入与流出，十亿美元[1]

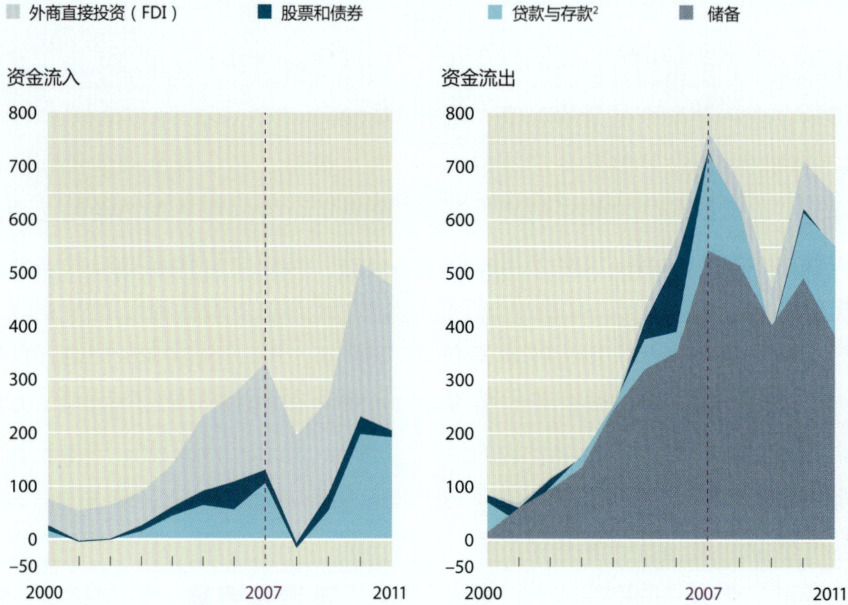

1 2011年固定汇率
2 2008年流入的贷款和存款总计为160亿美元，2009年流出的贷款和存款总计为190亿美元

资料来源：麦肯锡全球研究院分析

3 2011年数据是中国官方统计的最新流入流出资金数据。

缓。相反的，中国目前一边放松其他外流资金类型的限制，一边逐步将海外持有资产多元化经营，这正是2007年设立中国投资有限责任公司（CIC）的初衷。中投公司是全世界最大的主权财富基金之一，资产规模4820亿美元，持有资产包括许多全球蓝筹股公司的股份，矿业、能源、基础设施项目，全球房地产，甚至持有伦敦希思罗机场的股份。

中国企业在全球金融的地位也提高了。国有和私有企业的海外投资，从2000年的区区10亿美元，飙升至2011年的1010亿美元。截至2011年底，全球外商直接投资中，有3640亿美元来自中国企业，大多与商品有关。这些投资将近一半投入其他新兴市场，此比例高于发达经济体的企业。

中国在全球债权迅速增长，大多数与中国企业的海外投资挂钩，例如提供秘鲁矿业融资，而相关的建筑工程则由某家中国企业承担。2011年底，中国国外存贷款余额总计8380亿美元，想想全球五大多边开发银行的贷款余额加起来才不过5000亿美元左右，中国势力可见一斑。自2009年起，中国对拉丁美洲的贷款额已超过美洲开发银行与世界银行（见图3）。

非洲是另一个重心。在2012年

图3 中国目前对拉丁美洲的贷款量高于世界银行与美洲开发银行

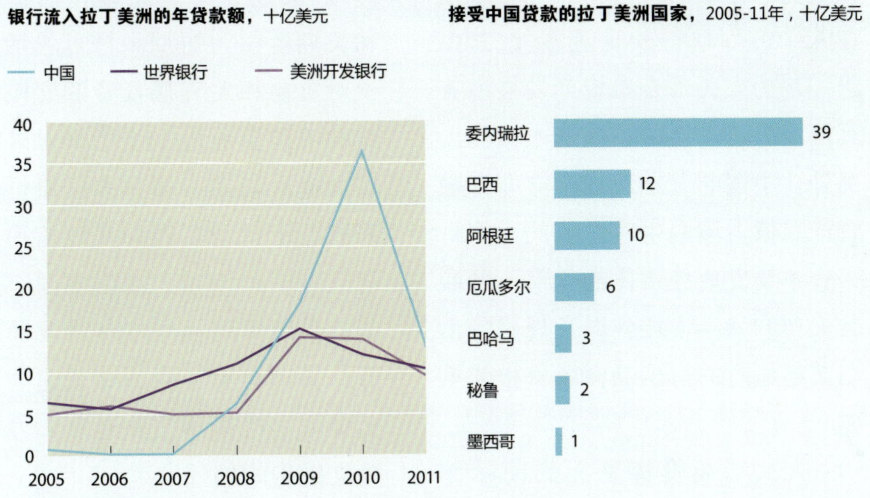

资料来源：世界银行；美洲开发银行；美洲国家对话组织；传统基金会；麦肯锡全球研究院分析

中非合作论坛上，中国承诺未来三年将新增200亿美元贷款给非洲。2013年3月，中国国家主席习近平首次以国家领导人身份出访非洲，重申此贷款承诺，并签署协议，在坦桑尼亚兴建价值数十亿美元的港口与工业区。

目前为止，中国许多国内投资的回报率一直低于资金成本。不论是企业投入资本、国内银行存款还是政府从外汇储备的收益，低回报几乎是在意料之内；在某些情况下，甚至出现负值的实质回报率。中国近期外商直接投资和国外贷款的回报如何仍有待观察。回报率如何调整至贴近市场水平，其速度和过程将对政策制定者形成挑战。

人民币自由兑换尚需时日

随着中国经济和金融势力不断增强，人民币的通用性势必将增加。中国的目标是将人民币打造成为国际货币，最终能与美元和欧元相抗衡。但要实现这个目标，必须在几个方面取得长足进步[4]。其中之一是为人民币金融资产发展出兼具深度和流动性的国内资本市场。另外，中国的金融深度（亦即金融资产总值占国内生产总值的比例）一直不及发达经济体的一半，发展较大型的债券市场，以及规避货币与其他风险的衍生品市场将极为重要。

人民币要发挥更大的国际作用，也必须具备国际可兑换性。近年来，中国提倡以人民币结算国际贸易合同，例如签署互换协议，供应15家国外中央银行人民币，包括澳大利亚和新加坡的中央银行。结果，中国贸易中人民币的使用从几年前只有3%，增加至2012年预估有10%。根据汇丰银行的调查，到2015年估计将有1/3的中国企业在国际贸易中以人民币结算[5]。

然而，要成为真正的国际货币，人民币必须实现完全自由兑换，也就是任何人或公司不论任何理由都能在任一家银行或外汇经销商把人民币兑换成外币。中国中央银行表示朝此方向发展并加速开放资本账的时机已经来到[6]，最近宣布了此进程的短期和长期蓝图。短期举措可包括减少对贸易相关直接投资的管控，鼓励中国企业进一步增加对外直接投资；长期方面，人民银行已采取若干行动，例如开放信用渠道以利同时流入、流出中国，管理货币政策则从原本从量改为从价。长期来看，中国必须建立一套规则，持续落实并遵守，方能建立机构的信任。

4 论及人民币国际化的著作甚多，例如Eswar Prasad 与Lei (Sandy) Ye合著“*The Renminbi's role in the global monetary system*”，Brookings Institution，2012年2月。

5 见 RMB maturing as cross-border usage broadens, says HSBC survey，汇丰银行，hsbc.com.tw，2012年10月24日。

6 全文请见“*Accelerating capital-account liberalization*”（中文），中国人民银行，cs.com.cn，2012年2月23日。

不过目前大门只开了部分，要全面开放资本账户，消除货币管控，所需要的制度将有赖时间。

随着全球长期投资需求持续攀升，高储蓄率意味着中国及其资金在全球市场的重要性与日俱增。要担当全球金融强国的责任，中国必须拥抱金融全球化，更全面地推进改革，虽然这不是一蹴而就，但中国正在逐步开放。中国新旧领导更替递嬗，这是一个关键时刻：新的经济团队若能够把握住改革步调，全世界的金融体系将在短短十年后就会呈现截然不同的面貌。

Richard Dobbs是麦肯锡全球研究院（MGI）和全球资深董事，常驻首尔分公司；
Susan Lund是麦肯锡全球研究院研究总监，常驻美国华盛顿特区分公司；
Nicolas Leung（梁敦临）是麦肯锡大中华区总经理，常驻北京分公司。

全球通

26

预测中国

Gordon Orr

前瞻思考

甘肃兰州，市民登高俯瞰城市美景。中国的经济发展和城市化正在从东部沿海向内陆地区转移。

预测中国

Gordon Orr

Gordon Orr（欧高敦）以个人名义发布对中国的年度预测已持续五年。本文他对正确和错误的预测结果做了一番盘点，并坦承从中学到了什么。

我预测中国还是在七八年前。最初只是为己所用——每年一月初对接下来一年的工作思路进行梳理。后来，我渐渐将一些有趣的想法发布到麦肯锡的内部博客中。

四年前，出版部的同事建议我对外公开预测内容。首先是英文版，接着是中英文版本都有，影响之大我始料未及。除了麦肯锡官网登载文章，社交媒体和传统媒体还将预测内容传播给成千上万的读者（至于某个被我不幸言中的预测，甚至可能有几百万人读过）。因此，我觉得数据的准确、保持连贯性和敏感度很重要，另外，精心及充分编辑也是不可少的。每次年度预测中我都试图综合权衡以下因素：

- 我确信必定会发生，对中国将会产生重大影响，但尚未得到足够重视的动向。既包括小到牵一发而动全身（甚至是带来重大转折）的细微变动，也包括那些足够影响全国的重大变革。

- 有可能发生且一旦发生就会产生重大影响的事件，将有助于我们了解中国的现状。

- 发生概率很低，一旦真的发生也挺有趣。通过这些事情，我可以与大家分享上一年发现的有趣，也许是出乎意料的事。

二十年来，我有幸在中国定居，把自己充分融入其商业、经济和社会转型之中。我虽然扎根中国，却不是本地人。或许这让我既能更快发现并乐观看待中国的成就，又能客观审视成功中隐藏的问题，思考其发展的基础是否坚实。

预测提到的很多话题常常或明确或隐晦地出现在我和别人的交流中。我亲眼见证了许多跨国公司的中国区负责人更替了四五轮甚至是六轮。我有幸与许多规模数十亿美元的中国私企高管共事，目睹他们从中层奋斗至高层。我还耳闻目睹麦肯锡众多优秀中国同事晋升为全球董事，也有同事作别麦肯锡，进入中国最优秀的一些企业担任领导职务。

预测准不准？

以下是过去几年预测中的亮点和败笔。

2009年

2009年的预测可能是最具体也是闹得最沸沸扬扬的，其中有一条迅速在数百万人中传播开来。我提到中国建筑质量欠佳，并预测一幢大楼将倒塌。几个月后，中央电视台（CCTV）新楼失火，上海一幢全新住宅楼因地基问题倒塌。中国的社交媒体立刻将我奉为神算。

第二准确的预测是更多中国制造商将把墨西哥当做生产基地。彼时已有大批韩国制造商在墨西哥生产，早期迹象表明成本和需求压力正在推动多个制造基地的形成。富士康和海尔收购了墨西哥工厂，联想也宣布将在美国组装个人电脑。但是中国制造商没有如我预言般大刀阔斧地在各国建立生产基地，主要考虑还是为了靠近现有的供应基地，避免在远离本土的市场复杂运营。

我本以为2008年华为（在贝恩资本的支持下）收购美国网络设备制造商3Com失败之后，2009年中国企业会看上其他美国高科技公司。但是自2005年联想收购IBM的个人电脑业务之后，再也没有中国企业成功收购美国高科技公司的案例，即使是那些步履维艰的美国公司也没有中国公司问津。许多观察家注意到前后政治环境的不同：如果联想晚几年收购，很有可能也会铩羽而归。对大型中国企业而言，收购美企被拒的阴影仍然挥之不去，以致于在华的美国商会正在考虑一项举措，旨在帮助中国企业赴美投资。

与此同时，电信领域的竞争几乎销声匿迹，跟我预测的加强整合大相径庭。政府通过政策和法规调控完成了股权转移，使得拥有庞大网络固定资产而日渐衰落的几大运营商免于陷入严重的财政困境。

虽然中国在电动汽车方面没有如我所料般高歌猛进，但政府打造世界领先电动汽车（EV）行业的承诺却是有目共睹的。政府承诺提供数十亿美元的补贴和购车者激励措施，并规定某些政府用车必须使用电动车。2009年《汽车产业调整和振兴规划》设定了到2011年生产50万辆新能源汽车（纯电动、充电式混合动力和普通型混合动力）的目标。2011年实际生产新能源车1.5万辆，其中1万辆为电动汽车。

到目前为止，中国的消费者和世界其他国家一样，基本排斥电动车，况且电动车技术也没有达到厂商原先承诺的水平。我在此前看好的比亚迪股价，结果从巴菲特投资高点以来下跌了65%。这条预测可说是错得厉害。但是可以看到，电动车的推广是非常急迫的，最有力的论据就是北京2013年上半年严重污染的空气。中国本土品牌很清楚电动车技术，尤其是电池的开发和全球推广的巨大障碍。万象最近收购A123电池生产商就是很好的例证。中国正进行电动汽车的第二波扩张，2017年之前规模可能不大。

2009年初我预测两岸关系回暖很有先见之明。大陆银行在台湾一直谨慎投资，但直到2010年才开设了第一家代表处。至2010年末，已有四家国有和商业银行（中国银行、交通银行、中国建设银行和招商银行）在台北开设了分行或办事处。

2010年

由于我在圣诞节和新年时事务缠身，当年的预测未能及时发布。

2011年

2011年的预测内容要少于往年。我预测会有通胀问题，的确当年的通胀超过了5%（2010年为3.3%，2009年为负0.7%）。政府尤其担心食品价格上涨。到目前为止，食品供应仍承受着巨大压力，无法避免靠天吃饭的局面，也无力抵御病虫害的侵袭。2011年，大量增加的农产品进口吸引了大量金融投资者进入该行业淘金。

我也预测最低工资水平会上涨，但生产率提高将抵消劳动力成本的上升。为了推动消费主导型经济增长模式，政府提高了最低工资标准，很多城市的年增长率高达20%。但企业却未能将生产率提高到相应水平。许多的跨国公司第一次发现，中国的劳动力成本达到了世界中等甚至更高水平，而且在雇佣和解聘方面有诸多限制。中国公司现在能更好地把握劳动力和资本投入的平衡点，尤其认识到了雇佣成本高但效率一般的白领所隐藏的风险。

如我所料，2011年中国企业实现了海外收购的大丰收，总价值高达500亿美元。绝大多数收购出现在能源行业，主要有中石化以48亿美元收购葡萄牙高浦石油公司巴西子公司（油气）的30%股权；中国三峡总公司与葡萄牙电力公司价值35亿美元的战略合作项目；以及中投公司以43亿美元收购法国燃气苏伊士集团（天然气）勘探开发公司的30%股权。中国公司还购买了美澳油气田的勘探权，完成了若干大型矿业收购。其他行业方面，联想收购了NEC的个人电脑业务，以及德国消费电子产品制造商Medion 37%的股权。中国在国际港口运营方面的投资也有所增加。

我当年的最大败笔是预测中国政府可能战略性减少对国有企业的扶持，

激发大家的兴趣——以期抛砖引玉、未雨绸缪和保持开放灵活的心态——比面面俱到更重要。

尤其是国有资产监督管理委员会（国资委）直属的工业企业。而现实恰恰相反。自从2010年以来，国有企业在许多行业的垄断份额都有增无减。

2012年

2012年有一些轻松的成功预测。比如，总体薪酬水平跟最低工资水平一样，不出意外地上涨（上海上涨13%，其他城市涨得更多）。白领工资涨势更劲，上海研究员的工资甚至可能高过慕尼黑。举例说，某中资公司研发部门每年的人均薪酬高达7万美元。

中资公司会计丑闻在2012年持续发酵并延续至2013年，速度和波及行业都超出我的预期。“上榜”的公司不胜枚举：博士蛙、中国高速频道、大庆乳业、分众传媒、东南融通、嘉汉林业、中联重科以及最近的郑州四维机电设备制造有限公司（年代煤矿机电的子公司）。这一议题相当重要，不仅关乎股东利益，大量跨国企业也因此放弃了收购谈判，并非因为已经发现问题，而是担心这一问题带来的隐患。

2012年，中资企业在收购方面再接再厉，尤其是在农业和基础材料领域。能源业仍是吸金大户。主要的收购案包括中石化以24.4亿美元收购戴文能源公司（Devon Energy）的五处美国页岩油气田的少数股权；中国广东核电集团以13亿美元收购专注铀矿的澳大利亚Extract Resources；以及三一重工以7亿美元收购德国混凝土泵车制造商普茨迈斯特。

我成功预见到中国汽车市场将会放慢增长步伐：增速从2010年的32%下降到了2012年的9%。本土厂商（仅增长了5%）受到的影响大于大型中外合资企业（2012年增长11%）。瞄准豪车的企业增长了20%，未受到经济放缓和铺张浪费的影响。

医院改革的稳步进行与预测相吻合。现在，外资医院可以是100%的独资，但公立医院医生不愿离开将会制约私营医院的发展。

2012年初，我非常看好绿色投资。这一年最终成为中国风电安装的丰收之年，却也是太阳能设备企业的噩梦。2012年，中国新增太阳能装机容量5吉瓦（5000兆瓦），在2011年2.5吉瓦的基础上翻番，而2010年仅为2011年的1/4。由于政府的大力支持，中国一跃成为全球第二大太阳能终端市场。

然而，太阳能板块制造商却不得不面对价格下跌，欧洲需求疲软，行业产能过剩和贸易壁垒加剧。中国太阳能产业2012年的产能高达40~45吉瓦，而全球需求仅为30吉瓦左右。中国太阳能板售价为每单位（wp）[1]60美

1 峰瓦（wp）是太阳能电池板在实验条件下的名义发电计量单位。

分——等于或低于制造成本，而单位售价2012年为1美元，2011年为1.6美元，2008年为4美元。大部分企业依靠国内银行贷款维持运营，行业整合势在必行。然而，在需求增长放缓后，地方政府往往会介入。

中国农业在2012年未受到病虫害的重大影响，但几乎未采取措施遏制我早先预料到的粮食价格上涨。中国的农产品贸易赤字不断增加，2012年攀升至560亿美元。由于许多农产品的全球市场吃紧，通胀压力持续累积。但是2012年总体通胀并未大幅上扬，主要依靠猪肉的周期性跌价拉低了通胀。这一点我早该猜到。

私募基金和风投基金可能会“落荒而逃”的预测有点过了。虽然还没有私募经理高调转移资金的现象，但我相信这只是个时间问题。举我自己的例子，我发现儿子所在的上海的学校将学校经费转到别的项目。没有资金支付外籍教师的工资、住房或保险，甚至是签证续签。要不是员工忠心耿耿，学校根本无法撑到年末。

2013年

2013年还未过半（当我写这篇文章之际），现在判断2013年预测结果为时尚早。我的预测主要包括：银行业表现欠佳、猪肉或鸡肉价格翻番、一家实体零售店破产和欧洲足球队投资中超联赛。银行对理财产品担忧日甚，而德国家电零售商万得城宣布退出中国市场也凸显了市场挑战（这不由得令人想起2011年百思买黯然退出中国的情形）。关于英超是否投资中国，得等到本赛季欧洲联赛谢幕才能揭晓。

中国浙江省嘉兴。养猪专业户在她的养殖场喂猪。中国农业去年赤字达到560亿美元。

忠告

在世界很多国家，新年预测是非常普遍的商业艺术，但在中国这么做可能有意想不到的风险和回报。以下是我的体会和忠告，以期对商业领袖有所帮助。

- 只要预测的大方向正确，中国经济的发展速度会使你的预测或多或少应验，有时还会很快。对变化的速度保持警觉非常关键。

- 不要过度依赖官方统计数据。至少在过去，官方很难收集到高质量的数据。通常，公布的数据做过大量包装。

- 想要准确预测变化或转折的时间点是很愚蠢的做法。但是发现变化的类型并提前计划，是企业的基本责任。

- 波动性是中国经济的主要特征。消费者和企业往往对各种信号做出过度消费、投资和削减开支的反应，从而导致需求的跳跃性变动，并造成不利影响。不要做直线型预测。

- 经济学原理在中国仍然适用。如果有时看起来不太寻常，可能确实就是如此。在预测（或投资）前要找出异常的原因。

- 激发大家的兴趣——以期抛砖引玉、未雨绸缪和保持开放灵活的心态——比面面俱到更重要。

这几年下来，我明白了一个真理：预测一旦公之于众，就覆水难收，人们总是能在网上翻出我以前的预测，无论是对是错。对此，我已经习以为常。因此，一方面，我让自己的脸皮变得厚一点，另一方面，尽量避免妄下结论招致自己难堪。

欧高敦（Gordon Orr）是麦肯锡亚太区董事长，常驻上海分公司。

关于他对2013年的更多预测，请登录麦肯锡大中华区网站www.mckinseychina.com/zh，参见《2013年十大预测看中国》。

聚焦新中产

34
中产阶级重塑中国消费市场
Dominic Barton，陈有钢，金春芳

39
赢取中国新中产
Max Magni，Felix Poh

45
中国网络零售革命：线上购物助推经济增长
陈有钢，张如琪，Richard Dobbs

中国辽宁省大连，购房者认真倾听楼盘销售员讲解。中国新中产的快速崛起，为本土企业和跨国公司带来无限商机。

钻石港湾

中产阶级重塑中国消费市场

Dominic Barton，陈有钢，金春芳

人口结构的代际差异、内陆城市的快速崛起，正有力地塑造着中国消费市场的新格局。

中国中产阶级的稳步增长带来了经济变革和消费转型，这一改变仍在继续。根据我们的估算，到2022年，将有超过75%的中国城市家庭年收入在6万~22.9万元人民币之间[1]——相当于在购买力相同的情况下，收入处于意大利和巴西的平均之间。这一群体在生活必需品上的花费小于50%，而且其消费行为和消费习惯有别于其他阶层。上述定义的中产阶级在2000年仅占中国城市家庭的4%，而到2012年，这一数字已增长到了68%。在未来十年内，推动中国中产阶级家庭收入增长来自三大动力。首先，政府政策和劳动力市场的结构性变化有可能提高工资水平。其次，金融市场改革有可能进一步刺激就业增长，从而产生新增收入。其三，向民营企业开放更多的经济领域可鼓励劳动生产率的提高、成本的降低和家庭收入的增加[2]。假设上述情形得以实现，到2022年，中国城市家庭年收入将至少实现翻番。

上述宏观数字的背后是中国消费市场的巨变。自2005年以来，我们一直采用问卷调查和深入访谈的方式跟踪分析中国的消费群体[3]，并依据其收入水平、年龄阶段、地理位置和购物习惯勾勒出中国消费者群谱图。我们近期的调查发现：在新兴中产阶级之中，上层中产阶级即将成为今后十年带动消费支出上涨的重要引擎之一。与此同时，一批更加全球化思维的中

1 所有收入金额指的是年家庭可支配收入，2010年的真实价值。

2 如欲了解更多信息，请参阅《中国经济下一站》，麦肯锡“解读中国”，2012年11月。

3 自2005年以来，我们每年都对中国的消费者进行大量研究。我们与中国60多个城市超过7万名消费者进行访谈，从而对中国消费者在100多个产品品类上的消费态度和支出行为有了深入的了解。受访者的收入水平、年龄、居住地区、城市集群和城市等级均不相同。他们贡献中国GDP的74%，占总人口的47%。

国新生代将对市场产生巨大的影响；中产阶级的增长在中国内陆小型城市的增长将快于东部沿海城市；网络消费者的影响也将继续加大。要更多了解中国的电子商务，（请参阅《中国网络零售革命：线上购物助推经济增长》）。

“上层中产” 成为新主流群体

中产阶级迅速成为主体消费力量—— 他们的消费行为更精明和成熟，更愿意为产品品质支付溢价，并且非生活必需品的消费占比越来越大。为了方便研究，我们将中产阶级中家庭年收入介于10.6万~22.9万元人民币的群体称为“上层中产阶级”，这在过去的研究中被称为“新主流阶层”[4]。2012年，该阶层仅占所有城市家庭的14%，占比远不如“大众中产阶级”（家庭年收入为6万~10.6万元人民币）。而到2022年，我们估计上层中产阶级将占到城市家庭的54%，城市消费总额的56%；而大众中产阶级占比将下降到22%（见图1）。

图1 上层中产阶级将成为新主流群体

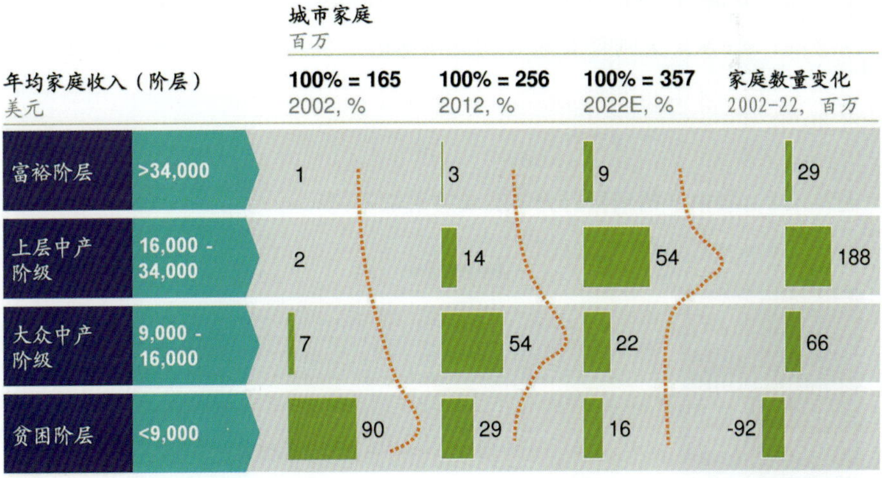

资料来源：麦肯锡“解读中国”－宏观经济模型更新，2012年4月

上层中产阶级的消费行为引领着中国未来的消费趋势。我们的研究表明，上层中产阶级更有可能购买笔记本电脑、数码相机等。据我们2012年的调查，56%的上层中产阶级购买了衣物柔软剂，而大众中产阶级仅

4 参见Yuval Atsmon 和 Max Magni合著的《“会面”2020中国消费者》。

有36%购买了该产品。除“富裕阶层”以外，上层中产阶级也推动着奢侈品消费的快速增长。过去4年，中国奢侈品境内消费市场激增，达到每年16%~20% 的增速。除去不可预见的因素，到2015年，全球高档手袋、鞋类、手表、珠宝和成衣的消费中，将有超过1/3来自中国内地。

G2独特的消费行为

中国的新中产阶级还分为不同的几代人，其中最主要的一代我们叫做二代中产（G2）。到2012年，这一群体接近2亿人，占城市人口的15%。十年内，他们所占的消费份额将翻一番，达到35%。届时，中国的二代中产消费者的规模将是美国婴儿潮人数的近三倍。而婴儿潮一代正是多年来塑造美国消费市场的主体力量。

G2出生于1980年代中期以后、中国经济开始腾飞的时代，大多数是家中独生子女。他们的父辈经历过物资匮乏时期，消费心态比较保守。相比而言，G2自信、思想独立，其消费行为也体现了这种独立性。麦肯锡的研究显示，G2是思想 、行为“西化”的一代——他们认为贵的东西就是更好的，愿意尝试新的东西，追求品位和身份地位，忠诚于其所信赖的品牌，更青睐小众品牌。G2更加依赖互联网。在购买新的家电产品或个人数码用品之前，42%会上网查看他人的使用体验、评论或反馈。他们的父辈中仅

图2 G2上层中产的消费行为与其长辈迥然不同

	G2上层中产	调查陈述举例	G2上层中产	他们的父辈
他们的信心如何	▪ 对自身未来财务状况充满信心	▪ “今后5年我的家庭收入将大幅增加”	↑ 64	55
他们的支出意愿	▪ 消费升级	▪ “在我所能承受的价格范围之内，我通常会为价格高昂的最佳产品支付溢价” – 以个人护理产品为例	↑ 41	34
他们对创新的重视程度	▪ 喜欢尝试新产品	▪ “在我认识的人当中，我总是第一或第二个尝试新事物的人”	↑ 29	23
品牌对于他们有多重要	▪ 品牌忠诚度较高	▪ “一旦我要购买一系列消费电子产品，我愿意购买同一品牌的产品”	↑ 46	42
他们如何采集信息	▪ 更加依赖互联网来进行搜索	▪ “在购买新产品之前，我通常会在互联网上搜索其他人的使用体验/评价/反馈意见” – 以个人护理产品为例	↑ 21	12

资料来源：麦肯锡“解读中国” – 年度中国消费者研究，2012

有26%会这么做（见图2）。

根据我们的研究，G2对家庭购买决策起到了很大影响。虽然G2塑造着中国消费新格局，在他们身上还保留着上代人的某些价值观。他们的祖辈将传统的思维方式传递给了一代中产（G1）消费群，即生于1968年到1987年之间的人群。很多G2消费者也和父母或祖父母一样，偏爱储蓄，不愿意借贷，崇尚努力工作，他们以金钱、权力和社会地位来衡量一个人的成功。但是，传统价值观的延续并没有转化为与父辈类似的消费行为。就像G1一样，虽然他们忠诚于老品牌，但是比父辈更容易接受新思想。

内陆城市的崛起

2002年，当中产阶级还处于萌芽状态之时，其中大约40%生活在北京、上海、广州和深圳这四个一线城市。这个比例到2022年将下降到16%（见图3）。中产阶级在一线城市的规模并没有萎缩，只是内陆小城市的中产阶级增长得更快。主要增量由三线城市所贡献，到2022年，这些城市

图3　中产阶级增长的区域中心正在迁移

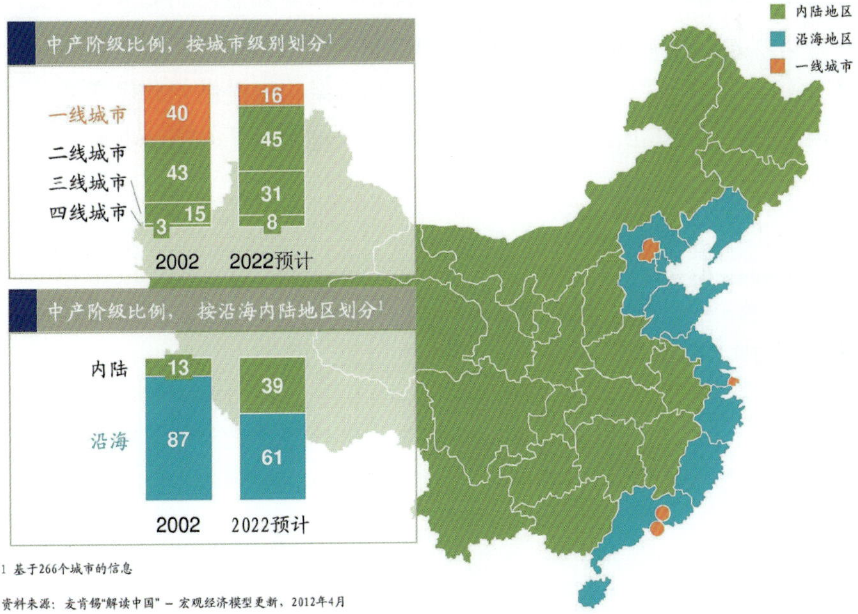

1 基于266个城市的信息

资料来源：麦肯锡"解读中国"－宏观经济模型更新，2012年4月

的中产阶级家庭将占全国的30%以上，而在2002年这个比例仅为15%。

规模更小的四线城市正在迅速增长。吉林蛟河是位于中国东北部的内陆四线城市，地处东北亚经济区的交通中心，拥有丰富的自然资源，例如

中草药和食用菌，而且也是中国葡萄酒和米酒重要的生产基地。2000年，该市7万户家庭中尚不足900户为中产家庭；到2022年，该市将拥有16万户家庭，其中9万户，即60%左右跻身中产阶级。

甘肃省武威市也是一个内陆四线城市，地处金昌——武威经济开发区内；拥有丰富矿产资源（邻近的石墨烯和钛铁矿为全国最大），并且位于两条铁路及若干条高速公路的交通要道。2000年，全市8.7万户家庭中仅有900户为中产阶级。到2022年，预计全市65万户家庭中将有60%，即39万户为中产阶级。

• • •

快速崛起的中产阶级群体正在重塑着中国，这一态势在今后仍将持续。他们的购买力以及接受国内外新品牌的态度和敢于尝鲜的性格，对于全球企业意味着无穷的新商机。为充分把握该新兴消费群体，商家需要深入了解他们，并细致观察其消费行为如何演变。但是，许多企业过去成功的战略是建立在为大众消费者生产标准化产品并进行大规模分销的基础上，这在今天应该进行调整。新的市场环境是，成百上千万的中国消费者都在消费升级，对产品的期望值更高。面向未来，企业需要对消费者进行更细化的理解，不仅要知道他们在做什么，还要知道他们需求如何变化，以及这些变化的根本原因。掌握这些更深入的信息，企业便可以为日益成熟的消费者定制产品和服务组合，优化品牌架构来提供差异化产品，并为年轻消费者提供其所渴望的新鲜购物体验。这无疑是一项艰难挑战，但孕育着无限商机。○

Dominic Barton（鲍达民）是麦肯锡董事长兼全球总裁，常驻伦敦分公司；

陈有钢是麦肯锡全球董事和麦肯锡全球研究院中国院长，他同时也是大中华区消费与零售业务的负责人；

金春芳是麦肯锡知识专家，常驻上海分公司。

赢取中国新中产

Max Magni，Felix Poh

至2020年，相对富裕的消费群将成为中国城市人口的主力。为了服务他们，跨国公司必须做出调整。

更富裕、更具个性，亦更趋成熟的消费者正在中国快速成长，给在华跨国企业带来了前所未有的机遇和挑战。机遇显而易见：按购买力平价计算，不出十年，超过3/4的中国城市家庭有望晋级中产。(要了解更多信息，请参阅《中产阶级重塑中国消费市场》)。

但是市场正迅速分化为大众中产，以及上层中产。后者的规模之大，影响之深，我们已经将其定义为“新主流阶级”[1]。他们一般居住在中国的沿海大城市，家庭年均可支配收入在106000元和229000元人民币之间（相当于17000 至36800美元）[2]。上层中产的消费选择和大众中产阶级截然不同。

新兴的上层中产规模持续扩大，到2020年之前超过一半的中国城市家庭将跻身上层中产，而在2012年仅为14%。这一趋势足以对当下的商业模式产生重大影响。那些长期以来凭借低价来满足消费者基本要求的企业将面临难关，并可能失去几百万升级的消费者。

既要服务熟悉但增长趋缓的大众市场，又要进军不确定性和潜力并存的上层中产，这需要企业进行创新。本文将着重讨论消费类企业应打造其品牌与消费者的情感纽带，制定双重战略和过渡方案，并培养应对复杂环境的竞争能力。

1. 情感纽带

长期以来，中国消费者对市场并不真正了解，往往只关心商品的基本功能，他们非常务实。到目前为止，也只有德芙巧克力和星巴克通过强大

1 请参阅 Yuval Atsmon 和 Max Magni合著《“会面”2020年中国消费者》，mckinsey.com, 2012年3月。

2 指的是年家庭可支配收入，2010年的真实价值。

的情感营销，强调尽情享受巧克力或咖啡休闲体验，大获成功。中国的消费者似乎尚未做好准备。

2010年时，我们研究的40种消费品类别中，功能性几乎是唯一的关键购买因素。才过了两年，情感因素的重要性就大大提升——甚至是排在前两位。以购买洗发香波品类考虑情感因素为例，中上端消费者比大众消费群高出50%。

瑞典爱生雅（SCA）是一家个人卫生用品和林业公司。该公司以通用的消费者路演将面巾产品的基本功能性优点展示给中国大众消费者。同时，爱生雅还希望塑造成令中高端消费者憧憬，且价格合宜的高端产品，这也是该公司在更发达的香港市场采用的策略。“我们的目标客户是年轻的白领职业女性”，爱生雅公司北亚卫生产品事业部总裁Stephan Dyckerhoff表示，“我们希望她们就像炫耀苹果手机那样炫耀我们的产品。”

为此，爱生雅致力于加强消费者和产品之间的情感纽带。其中一招就是在卡拉OK 包房里供应小包装纸巾，以此在目标客户的爱好之间建立情感纽带。如此聪明的方法如能实施，大有希望成为竞争激烈市场中的差异化因素。越来越多的领先公司也开始使用类似招数，升级门店，借力于口碑相传（包括越来越多消费者用来交换想法的社交媒体平台），以确保自家产品成为中国新一代消费者的购买选项[3]。

2. 双重战略

立志高远的品牌在中国新兴上层中产阶级心中已占据一席。“新兴中上层中产带来的机遇就是我们的未来，”联合利华北亚事业部负责人Alan Jope认为，“这个群体引领所有产品的消费，甚至比奢侈品消费者更加重要。”

虽然如此，联合利华和其他领先公司仍然相信大众消费市场的地位。“中国沿海地区的消费者可能更加富裕，正在提高消费档次。”箭牌口香糖亚太区总裁Michael Yeung 认为，“但是内陆城市仍将是巨大的市场。”

一些富有远见的公司开始着手制定双重战略: 以销量为目标的大众市场业务模式，以及以追求利润为目标的上层中产业务模式。实际运营中，这一战略经常和地理区域配合开展: 大型区域分解成小的地区、每个地区制定各自的产品组合、定价、营销策略和执行计划。最成熟的企业为每个区域制定了清晰的损益责任，并意识到销量、价值、成本控制和利润的相对重

3 要了解更多信息，请参阅Yuval Atsmon, Jean-Frederic Kuentz和Jeongmin Seong撰写的“Building brands in emerging markets” McKinsey Quarterly；2012 第四期, mckinsey.com.

中国江苏南通，一位女性正选购沐浴乳。那些有志于赢取中国新兴中产的品牌，会在成长壮大的历程中变得越发重要。

要性将充满变数。

一家知名糖果制造商通过这一战略，为大众市场开发了相对便宜的入门级产品，并为愿意提升消费层次的客户提供高利润产品。为了尽量减少产品之间的相互蚕食，公司规定入门级产品的销售只限于居民收入水平较低的内陆城市，且仅限于当地的传统夫妻老婆店[4]。这样低端产品不会出现在销售高端产品的现代零售店。该公司不仅关注分销: 为了打击灰色市场，公司员工定期走访零售网点，检查货架，使用扫描码核实商品产地和归属。违反规则的分销商首先会被警告，如继续违规则中止合作。

与此同时，公司将较为昂贵的产品留给沿海发达城市，精心设计营销活动和产品包装，吸引更加成熟、更有想法的消费者。他们把品尝昂贵零食当作犒赏自己。在过去的三年，该公司的中国区总营收每年增加15%。内陆城市主要带来销量，而沿海城市则带来利润。

拜耳医药保健公司采用了类似做法。该公司近期拓宽了在中国小城市的销售和分销网点，并在28个大城市增加销售人员，希望更好地为新兴上

4 要了解更多新兴市场传统和现代零售环境，请参见Alejandro Diaz, Max Magni和Felix Poh撰写的“From oxcart to Wal-Mart: Four keys to reaching emerging-market consumers,” McKinsey Quarterly，2012年第四期；mckinsey.com.

层中产服务。

3. 严格的时间表

时间是双重战略成功的关键因素。企业必须了解不同地区发生变化的性质，并先于竞争对手采取行动。但是又不能太快，否则大众市场会受到冲击。这一切都需要严格的规定。

一家全球性食品制造商制定的双重战略时间表非常严密，值得借鉴。高管层首先基于消费者收入和偏好，以及竞争对手的行动，将其细分为40个区域微群（geographic microcluster）。然后，公司主要产品组对这些微群进行了详细研究，根据各自发展状况——完全大众市场、开始转型，还是快速升级——对其进行组合。最后，对各种建议方案逐一评估，更进一步找出产品的使用差异。例如，某微群正在快速升级到使用香波，但是肥皂的使用还没有升级迹象。

该公司对大众市场微群的策略没有变化。对第二个类别（开始转型）的市场营销计划，在未来的12到24个月内，推出更多高端品牌和产品。对于快速升级的消费者，公司加快了节奏：新品牌和新单品的窗口期缩短到6至9个月，并不断推出促销以提高平均价格。为了防止被竞争对手打乱阵脚，公司建立竞争情报小组，走遍全国收集信息，并和销售团队合作，协调合适的应对措施。当竞争对手的新产品和策略开始影响到过渡计划时，公司能够迅速调整转型速度，挫败对手，避免丢失市场份额。

快速的适应能力是公司战略成功的关键，取得了令人瞩目的业绩：在过去三年，年销量增长12%到15%；营业收入增长15%到20%。而且息税前利润（EBIT）提升显著，说明此策略取得效果。

这个例子有力地说明，当作出战略决策时，时机和地域经常相互关联。某跨国个人护理公司的身体护理产品部就是一个很好的例子。公司意识到华北地区为较低收入的大众市场，消费者的偏好相差很大，传统的肥皂有很大市场。与此同时，公司加大营销攻势，让新兴上层中产喜欢高利润的洗衣液。不同的是，华南的大众消费者已经青睐液体皂。当消费者更加富裕，该公司则向他们宣传放弃便宜的本地品牌。

4. 营销革新

实施复杂、时效性强的双重策略需要强大的市场营销能力。多个接触点不仅重要，而且越来越数字化。关键在于创造性地使用这些策略以在大众群体和富有个性的新兴中产的需求中取得平衡。

耐克公司多年来持续投放电视广告，其代言的体育明星出现在城市随处可见的户外广告牌上。不久前，耐克公司首次在中国最流行的移动通信平台——微信上展开营销活动。为扩大用户兴趣，耐克还在出租车、户外海报和其他醒目地点大量使用二维码[5]。拥有3亿多用户的微信平台能够帮助耐克和主流客户深化交流。用户体验互动活动向高端消费者传递了更多的个性化意识。

营销革新需要深入了解客户，随着上层中产阶层的扩大和其要求的提升，这一点显得尤其重要。一家全球食品和饮料制造商在中国六个区域建立“消费者洞察中心”，试图在变化的客户偏好和行为中占到先机。与此类似，在宝洁公司北京研发中心，研究员模拟了一个胡同社区，由窄窄的巷子和传统四合院构成。研究人员观察在胡同居住的消费者在刷牙、换尿布时的行为偏好，并据此对产品做出改动。一如公司总部俄亥俄州辛辛那提市模拟婴儿活动房中研究人员所做的。在北京的研发中心，研究人员在模拟的超市货架上摆满了竞争对手的产品，以此探究消费者的购买方式。

社交媒体是研究客户行为偏好的越来越重要的一个来源。例如，欧莱雅于2006年推出了兰蔻玫瑰在线社区，提供中国女性交换美容信息，寻求专业人士意见，目前有将近100万名会员，很多是活跃会员。2011年，约2/3的会员每天至少访问一次。一半以上的讨论话题有超过五条的客户留言。这一平台不仅充当了营销工具，还是该公司宝贵的信息来源。（参阅附文：“科技驱动型客户互动”）

尽管科技和数据发挥着日益重要的作用，但它们永远不能取代创新，创新是智慧营销的核心。最近爱生雅发起一项活动，鼓励中国消费者对面巾纸空盒子发挥创意，以表现产品和资源可持续发展的联系。最终获胜者受邀参观位于瑞典总部公司的森林，参观公司如何以可持续的方式植树，作为产品的原材料。这项试验性营销很快吸引了一家中国电视台，遂派记者随获奖者到瑞典采访报道，最终播出了两个小时的纪录片。活动的结果大大超出了公司对营销最乐观的预期。

● ● ●

中国新兴中产阶级的成长速度快得超出大多数公司的预期。跨国公司如不立刻采取行动做好应对准备，将无法挽回地成为市场输家。○

5　二维码指的是能够被带照相功能的智能手机扫描的二维条形码。智能手机可以显示存储在代码中的图像、文字或其他数码信息。

科技驱动型客户互动

Chris Ip，龙谦信

和跨国公司一样，中国本土企业正铆足了劲，打算充分利用这一轮网络科技潮。根据麦肯锡最近一次调查，超过一半以上的中国高管表示，公司正在规划、试点或部署数字营销和大数据战略。为中国市场设计的解决方案，从某种程度上来说将是独特唯一的。因此有必要仔细分析中国领先业者如何应用科技来了解新兴中产阶级，并和他们进行互动。下面是两个成功案例。

创新移动支付。支付宝是网络零售商阿里巴巴旗下的第三方网络支付平台。不久前支付宝推出了一款移动支付应用，将社交媒体、电子商务和游戏业务的后端支付引擎整合到实体销售门店。当客户准备结账时，该应用在客户的智能手机上产生唯一的条形码，零售商扫描后即可获取客户信息。该系统为消费者提供了便利，礼品卡、折扣券或门店发行的消费卡皆通用。此应用为支付宝提供了宝贵的客户消费偏好数据，可以用来调整网络/实体合作伙伴的产品、分销和营销战略。支付宝目前拥有惊人的7亿注册用户。

提升客户服务。中国太平洋保险通过移动自动化工具，将后台销售人员和前台销售人员连接起来，帮助客户查询保单，向代理人询问信息，并处理其他相关事宜。该系统和工具有利于企业更好地服务成熟客户，通过提供24小时核保服务，提升了服务质量。

Chris Ip（叶远扬）是麦肯锡全球资深董事，常驻新加坡分公司；
龙谦信是麦肯锡咨询顾问，常驻香港分公司。

Max Magni是麦肯锡全球董事，常驻香港分公司。
Felix Poh是麦肯锡全球副董事，常驻上海分公司。

中国网络零售革命：
线上购物助推经济增长

陈有钢，张如琪，Richard Dobbs

网络零售业将继续释放累积的消费需求，并培育数量庞大的新生网络消费者，必将对中国经济产生更为深远的影响。

仿佛一夜之间，中国就成长为全球“最网络”的零售市场。无论是市场规模、扩张速度，还是网络零售渗透率，这个发展中国家都足以傲立于世界各国。尤其令人瞩目的是，上述惊人成就还是在宽带普及率尚且有限的现实下取得的。然而，当我们欣慰于成绩之时，或许更需要将其置于经济增长模式转型的时代大格局进行考察——网络零售的巨大能量究竟对消费经济意味着什么？与此相关的追问就是：它能否助推以消费拉动内需的政策目标？它对整体行业将如何产生影响？它面临着哪些可持续增长的挑战？相应的，利益相关方需要做何努力方能把握时代机遇？

为求真切理解中国网络零售生态系统，麦肯锡全球研究院（MGI）对此进行了研究。以下是我们的关键发现：

- *网络零售并非仅仅替代了实体购物，而是激发了新增消费。每一元钱的线上购物中，近略少于一半是由网络渠道刺激产生的额外消费。增量消费在中小城市尤为明显，网购者的在线消费钱包份额更高。*

- *目前网络零售贡献了约2%的个人新增消费，预计于2020年有望提高到4%~7%。网络零售正有力地拉动着消费，并因此助推中国向消费型经济体的转型。*

- *快速崛起的网络零售有机会帮助中国的零售业实现多渠道发展。*

- *网络零售仍面临诸多挑战，需要资本和劳动生产率的再平衡。*

网络零售业独特的演进轨迹

中国正朝着“世界最大的网络零售市场”稳步前进，其市场规模即将超越美国，占到全球网络零售市场的1/10强。从市场增长速度看，2003年至2011年的复合年增长率达到120%，亦为全球最高。对于一个宽带普及率有限的发展中国家而言，中国网络零售的腾飞堪称奇迹（见图1）。

图1 中国网络零售市场增长速度全球最高

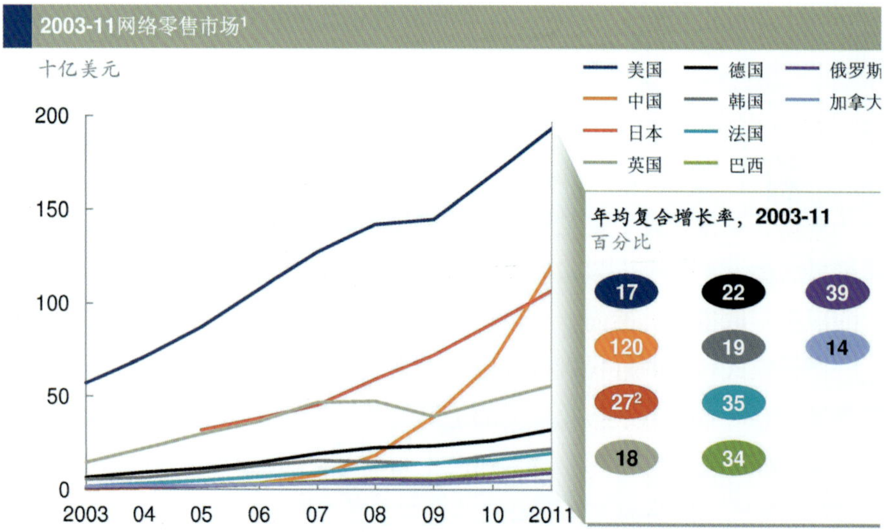

1 不包括在线旅游
2 日本年均复合增长率为05-11

资料来源：Euromonitor; Forrester; US Census Bureau; Japan Ministry of Economy; Trade and Industry; 艾瑞咨询；麦肯锡全球研究院分析

中国网络零售业的崛起是在独特的国情背景下演进的，与发达国家相比，具有显著的特征：

- 在其他国家，大型B2C网站主导着网络零售业，但中国近90%的网络零售是基于平台商运作的。由于启动成本和进入门槛低，平台模式成为创业者和小微企业强有力的起飞平台。

- 超过70%的网络零售总量属于C2C类型，而其他国家的比例不过为个位数。中国占到全球C2C市场的60%~80%。这也显示了中小企业对于网络零售业增长的重要推动作用。

- 网络零售业仍处于初期阶段，但目前为止能够以相对较低的投资（年营收的2%~4%）获得高速增长。随着竞争的加剧、技术的发展以及消费者越来越高的期望，网络零售生态系统将很难维持低水平的投资。

- 市场总体盈利，税息折旧及摊销前利润率（EBITDA）平均在8%~10%之间，但各方的利润水平差异显著。独立电商约为负4%，平台商则可达48%~58%——目前看来它们是市场赢家。

网络零售激发消费增量

如火如荼的网络零售对消费经济的意义是我们研究的重点之一。为此，我们调查了中国266个城市的网络零售和消费数据，这些城市代表着中国50%以上的GDP以及70%~80%的线上消费。

调查证实，确实有60%的线上消费替代了线下消费，其余40%则是如果没有网络零售就不会产生的新增消费。打个比方，线上消费1元钱，由网络渠道激发了约四毛钱的新消费。增量消费在实体零售欠发达的中小城市更为明显。换句话说，网络零售对刺激内需、拉动消费起着显著的助推作用（见图2）。我们估计，网络零售在2011年贡献了约2%的中国新增消费，2020年有望提升至4%~7%。

网购为中小城市及偏远地区的消费者提供了丰富多样，过去梦寐难求的商品。即使在一线城市，人们也能享受到更大的购物便捷性及更齐全的小众商品。值得一提的是，网络零售正在迅速消弭不同城市级别之间的消费差异，推动消费水平的均衡化。我们的研究表明，中小城市网购人群的网络消费钱包份额更高（见图3）。一旦释放中小城市的消费潜能，将有助于中国加快实现以消费促增长的政策目标。

除了拉动消费总量增长，网络零售还拉低了零售业的终端价格。网上价格平均比传统零售业价格低6%~16%（如果考虑共通商品的占比，则为4%~9%）。家庭用品和娱乐教育用品为网上价格折扣最高的两类，其次是服装。它们也是市场规模和渗透率最大的三类网络零售商品。不过，随着市场趋于成熟，线上价格的一般涨幅超过了线下。预示着未来市场竞争不会再是拼低价，而是商品的丰富度以及消费者的购物满意度。

图2 在线消费提升了整体消费规模——对中国欠发达地区的影响更为明显

人民币

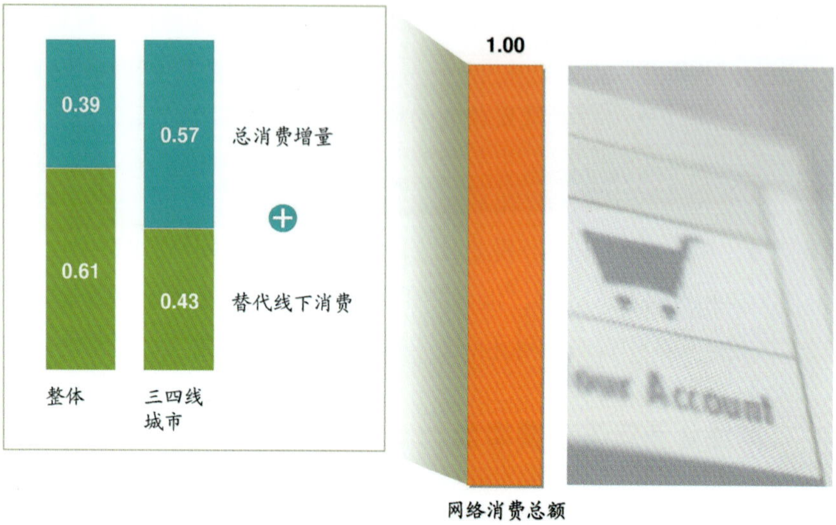

资料来源：麦肯锡全球研究院分析

图3 四线城市消费者的在线消费钱包份额最高

按消费者所在地划分的在线消费

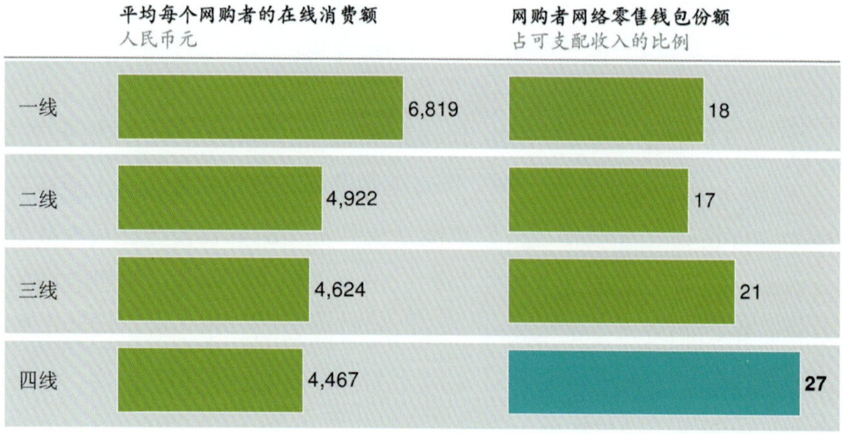

资料来源：麦肯锡"解读中国"数据库；麦肯锡网络消费者调研；麦肯锡全球研究院分析

网络零售还推动了物流、IT服务、数字营销等服务提供商的长足发展，价值链相关的总规模达到830亿元人民币。同时，它还可能降低成本对商业地产的需求，但同时也为技术创新带来切实的市场激励，这恰恰是中国政府的另一项政策重点。

助中国零售业实现多渠道发展

发达国家的零售业普遍经历了从本地到地区再到全国的发展轨迹，接着，互联网使推动行业逐渐采纳多渠道战略，即包括的实体店、网店、移动中国零售业在很大程度上仍停留在地区性阶段。在一个地广人多、文化多元且资源参差的发展中国家，传统实体店扩张至全国规模极其困难。网络零售的快速崛起或将有助于中国零售业实现多渠道发展。

但是，挖掘网络零售业的巨大潜力仍需应对诸多挑战。往前走，只有保持资本和劳动生产率的再平衡才能可持续发展。目前，整个网络零售生态系统的劳动生产率依然比实体零售低很多。同时，到目前为止，大部分商家的资本投入依然处于低水平，随着竞争加剧、科技日新月异和消费者期望的提高，低下的投资水平难以为继。

对利益相关方的建议

随着居民收入的持续增长，以及宽带普及率的提高，网络零售的潜力将是难以估量的（见图4）。利益相关方应当认识这一机遇的战略重要性，并做好充分准备。

图4　宽带和3G的普及将是网络零售市场增长的关键推动因素

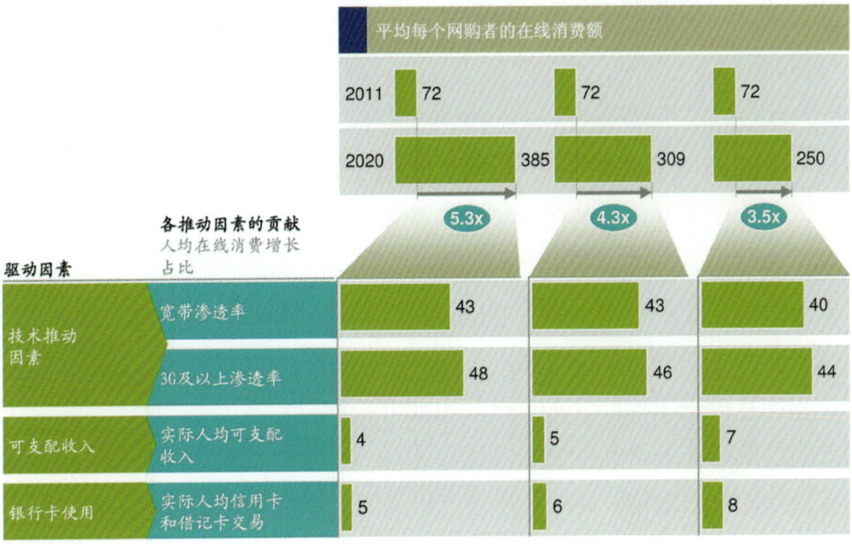

注：所有数值均基于2005年的货币和物价水平

资料来源：麦肯锡"解读中国"数据库；麦肯锡全球研究院分析

1. 独立网络零售商：精准投资，构建、强化和利用独特价值定位

目前，价格竞争和巨额的初期投资使独立网络零售商普遍蒙受亏损，平均营业利润为-5%。从长远看，它们需要精准投资，构建、强化和利用各自独特的价值定位，可以是卓越的客户服务、快速可靠的配送、高效的购物体验、精准营销提升转化率、定制商品，或是便捷的退货等。亚马逊的经验表明，高投入必须要明确指向最终的价值定位，才能实现可持续的利润增长。

2. 服务提供商：尽快提升供应链和信息管理

对营销服务、物流、第三方支付、IT和综合服务商而言，市场的开放程度更高，竞争也因之更为激烈。上述领域的服务提供商必须把握当前增长势头尽快建设能力，抢占领先地位，而且要在市场整合前完成。

3. 平台商：保持资本和劳动生产率的再平衡，积极应对高技能劳动力短缺

为确保未来有能力与独立网络零售商和实体零售商抗衡，平台商需要保持自身的劳动生产率。目前，质量和安全保障，以及诈骗的识别和预防已然成为平台商紧迫的管理挑战——毕竟平台上有数以百万计的商户。解决这些问题需要构建强大的平台，集中后台管理工作，致力于长期投资以跟上最新技术。

平台商是中国网络零售生态系统中唯一在劳动力生产率方面可与美国同行媲美的参与方，原因是低水平的工资福利。但随着高技能劳动力的短缺加剧，中国的工资水平会水涨船高，这一优势将很难持续。平台商必须实施新的人才战略。

4. 传统零售商和制造商：全面采纳多渠道战略

即使中国零售业从区域化跨入多渠道时代，传统零售商也大有成功胜算。为此需要当机立断全面采纳线上——线下混合经营模式，尤其在中小城市扩张过程中，绝不能等到线下取得领先地位再行动。但目前大步进军网络的实体零售商寥寥无几。

一旦传统零售商立志投身线上业务，就得思考一系列战略决策。首先要明确网络渠道对其的意义，是作为增长引擎，还是品牌打造工具？有没有独特的价值定位？同时，还应该积累新资产，培育新技能。

5. 政策制定者：增强基础设施和信息平台的投入为消费增长保驾护航

中国政府可重点关注三个方面促进网络零售业进一步增长。

首先，制定投资激励措施，扩容宽带和3G+普及率。我们对17国网络零售的研究发现，3G+和宽带普及率是网络零售最重要的推手。至2020年，中国网络零售大约85%~90%的增长将取决于这两大科技因素。政策和针对性投资政策将确保其得以实现。

其次，加大物流基础设施投资，尤其自动化设备、现代仓储和空运能力。中央政府可给予有益的帮助，地方政府也可研究包括税收、补贴和土地的支持机制。在这方面，公私合作可能是投资与利益分配的解决办法。

第三，出台政策鼓励缓解劳动力短缺问题。如中央政府对企业聘用兼职和残障人士提供税收优惠，省级政府还可以考虑额外支持政策。

• • •

随着居民收入的稳步增长，网络零售业将继续释放累积的消费需求，并培育数量庞大的新生网络消费者，这必将对中国经济产生更为深远的影响。

陈有钢是麦肯锡全球董事和麦肯锡全球研究院中国院长，同时也是大中华区消费与零售业务的负责人；

张如琪是麦肯锡全球研究院高级研究员；

Richard Dobbs是麦肯锡首尔分公司兼麦肯锡全球研究院全球资深董事，常驻首尔分公司。

聚焦制造业

54
中国制造业迈入新时期
Karel Eloot，黄学川，
Martin Lehnich

65
抓住中国节能机遇：
案例研究
王平，傅源，陈晨

中国南京，技术员正在检测节能LED灯泡的老化情况。近年来，不断攀升的工资水平和持续升值的人民币，重挫了中国的出口贸易。中国已不再是全球廉价制造工厂。

中国制造业迈入新时期

Karel Eloot，黄学川，Martin Lehnich

制造业企业猛然觉醒：以中国低廉的工资水平和飞速的经济增长为基础的战略恐难以为继。在新的挑战下，必须发展新的核心竞争力。

近年来，中国作为制造业强国的崛起令人瞩目。1980年，中国在全球制造业中不过排名第七，位居意大利之后；转眼到了2011年，中国不仅取代美国成为全球最大的制造国，还成功地利用制造业的巨大发展改善了人民的生活水平，并在10年内把人均GDP翻了一番。与之相比，工业化浪潮下的英国花了近一个半世纪的时间才达到这种成就。

然而今天，随着中国经济增长放缓，工资及其他生产要素成本上升，制造业的价值链复杂了起来，日益成熟的消费者也对产品服务提出了更高的要求。在重重压力的背后，宏观经济情况也十分严峻：随着中国变得更加富裕，制造业在经济中的相对地位不可避免地出现下降[1]。如今，制造业增速放缓的程度已高于整体经济发展。有迹象表明，在某些新工厂的招商引资中，中国的竞争力已经不敌成本更低的地区（如越南），这引发了不少人对中国制造业竞争力下降的担忧[2]。

当然，“竞争力”是个宽泛的概念，不容易解释清楚，常常引起混淆。比如，20世纪80年代，不少人对美国制造业竞争力逐渐落后于日本感到绝望。然而，在随后的10年中，此种隐忧逐渐消退，取而代之的是人们对新一波趋势的关注：日本制造的衰退，美国汽车制造行业在SUV车型带动下的复苏，以及美国高科技制造行业的异军突起。正如彼时的美国，今天的中国也不只有一种制造行业，而是有多种各具竞争优势或短板的制造

1 经验显示，制造业对一国经济的相对贡献率达到该国GDP的20%~35%时，通常即达到顶峰。今天，制造业约占中国GDP的40%。

2 2011年，中国制造业GDP的增长速度比经济危机前放慢34%。同时期整体GDP增长放慢20%。

行业。

在本文中，我们将撇开对中国制造业过度追捧或过度悲观的看法，力求客观展现出制造业这一多元化领域的现实状况。我们首先会总结中国制造业面临的四大挑战如何对不同类型的制造企业造成不同的影响。随后，我们会讨论核心竞争力（competitive priorities）。企业类型不同，核心竞争力的重要程度也会有差异。尽管制造行业间存在差异，但是中外制造企业都无法回避一点：必须通过提高生产力、改进产品开发方式以及克服供应链的复杂性，来实现产业升级、向价值链上游移动。能及时做出这些改变的企业日后应当可以蓬勃发展，而那些墨守成规、继续依赖高增长和低工资模式的企业则可能逐渐从市场中消失。

四大挑战

过去多年来，中国低廉的用工成本，强大的供应能力，对港口、道路、铁路等基础设施的大力投资，以及扎实的工程及技术能力为制造业出口的发展搭起了稳固的平台。同时，巨大的国内市场规模也不断助推中国向消费型经济转型。然而现在，形势不像过去那样明朗了。这里，我们借助近期麦肯锡全球研究院对全球制造业类型的研究（请见侧栏：中国制造业的组成结构）[3]，对制造业面临的四大核心挑战以及在每项挑战中哪些企业易受到影响进行一一梳理。

生产要素成本高企

近年来，工资水平上涨、人民币升值均对中国出口产生了影响，未来中国是否仍然能够作为低成本制造中心，这一问题也引发了全球的关注。许多生产纺织品、服装等劳动力密集型产品的跨国企业已经在积极寻求中国以外的区域来降低成本、防范政治或供应链风险。中国本土的饮料、金属制品、食品、烟草等行业的加工企业也都感受到了成本上涨的压力，包括包装类企业。但他们主要面向区域性市场，所以成本压力带来的问题不是对全球竞争力的担忧，而是哪些企业能在价值链中创造最大的价值。

3 按以下维度对制造行业分组：资本、能源、劳动力、研发、贸易、价值。欲了解麦肯锡全球研究院报告完整版，请登录mckinsey.com查阅Manufacturing the future:The next era of global growth and innovation (2012年11月)。

（下转第58页）

中国制造业的组成结构

	服务本地市场的全球制造商	**能源及资源密集型大宗商品制造企业**
	2010年在中国以及全球制造业附加价值中约占据1/3的份额	占2010年中国制造业附加值的1/4，2010年全球制造业附加值的22%
行业	家电、汽车及运输设备、化工产品、电力设备、药品	金属与采矿、纸浆及造纸、其他采掘行业
中国本土企业	渤海化工、中国化工、华润医药、一汽、美的、上汽、上海电力、中化	宝钢、中铝、五矿集团、中石油、山东晨鸣纸业、中石化
跨国企业	ABB、巴斯夫、陶氏化学、通用汽车、辉瑞制药、赛诺菲、西门子、大众汽车	英国石油、美国国际纸业、浦项钢铁、壳牌石油
成功要素	全球研发、不断推出新产品和新型号的能力	原材料及能源的特许开发权、高度的资源及能源生产力、运输及基础设施物流、靠近需求地

可以按照劳动力成本或资源成本、创新强度、贸易机会或者以上三者的结合，把中国制造型企业划分为五种不同类型或不同模式。

全球技术/全球创新型制造企业	区域性加工制造企业	劳动力密集型贸易产品制造企业
在2010年中国以及全球制造业附加价值中均占9%	占2010年中国制造业附加值的1/5，占全球2010年制造业附加值的28%	占2010年中国制造业附加值的10%，占全球2010年制造业附加值的7%
消费电子、办公设备、半导体、通信设备以及医疗、光学和其他精密仪器	金属制品、食品及饮料、印刷、烟草	服装、针织衫其他手工品
海信、华为、联想、迈瑞、中芯国际、新华医疗、展讯、中兴	中国烟草、中粮、蒙牛乳业、娃哈哈	安踏、李宁、美特斯邦威
阿尔卡特、思科、爱普生、爱立信、英特尔、诺基亚西门子、飞利浦、三星	百威英博、可口可乐、雀巢、宝洁、益海嘉里（新加坡丰益集团）	阿迪达斯、Kappa、耐克
强大的全球研发及生产网络，高价值密度产品，产品从生产地到全球消费者的运输成本较低	通过对客户及竞争对手密切观察，充分挖掘深入洞见	低成本生产是关键

消费者日益成熟

麦肯锡研究显示，根据购买力平价的计算，到2020年，约有一半以上的中国城市家庭收入将达到中产水平 ——而在2000年，这一群体还甚为罕见（详情请参阅《中产阶级重塑中国消费市场》）。该收入群体已经表现出对创新型产品的强大需求，但是大多数本土制造商尚不具备生产创新产品的工艺及制造能力。最近，中国某家生产电视显示器的企业高管公开承认，他们生产的产品无法完全满足高端客户的要求，该企业平板显示器的质量比不上发展迅速的韩国企业。中国汽车制造商也面临相似的挑战：在消费者眼中，国产品牌质量较低，甚至不如在中国组装的外国品牌。

这些问题也在冲击其他制造行业，从家用电器、化工产品到电力设备、办公设备、医药、电信和运输设备。这些行业的共同特点就是能够依靠强大的研发技术能力和不断推陈出新的产品服务参与市场竞争。随着消费者的期望不断提高，哪怕是食品饮料企业也需要在产品的新鲜感和合规性等方面给自己加码，因为中国标准仍然落后于西方标准。

价值链复杂度加深

另外的一个挑战就是如何在消费增长的同时应对日益复杂的价值链。随着消费者富裕程度提高、城市化迅速发展，产品呈现出多元化、定制化的特点，且运送地点越来越远，企业管理、制造和配送产品的难度与日俱增。例如：从现在到2015年，快消品需求中约有2/3的增长将来自规模较小的城市（三线或四线城市），这类城市的数量是一线城市（诸如北京、上海）的20倍。

产品种类的激增以及电子商务的蓬勃发展也加剧了价值链的复杂化。预计从2010年到2015年，中国市场B2C网络销售额每年会增长45%。对于企业来说，这意味着批量生产的规模将越来越小，货物要运送到越来越“偏远”的家庭。节假日期间，网络订单激增，许多公司的供应链出现超负荷运转。此外，挑剔的消费者也会给不堪重负的供应链添堵。不少电商接受货到付款方式，有的客户就利用这一点故意让电商赛跑，比如说同时从三家网站订购完全一样的三份产品，送得慢的两家就会遭到拒收的冷遇。

这些问题与中国消费者日益成熟的品位有关，需要高科技企业和其他相关企业积极应对。但是劳动力密集型产品的制造企业也有烦恼，供应链的复杂化意味着生产的产品种类也会变得更加复杂。同时对于区域性加工企业来说，城市化发展和基础设施发展对产品物流网络也造成了影响。

经济波动加剧

2008年以后，全球经济环境不确定因素增加，各国制造企业的日子都不好过。身处中国这个“世界工厂”中的制造企业遭受的影响可能最大。

比如，中国钢铁行业在经历了10年的两位数增长后， 2012年需求增长回落到3%。结果产能使用率骤降，行业竞争恶化，2010年到2012年期间，整个行业平均利润率下滑56%。同样，在中国庞大的汽车行业中，过去5年的年均增长率在7%到52%之间大幅波动。家电和电力机械制造商也同样经历了剧烈的需求波动，起起伏伏的海外市场需求更是给行业雪上加霜[4]。

在这样的剧烈波动下，制定生产规划变得异常困难。这对经常有大型、长期资本支出的企业来说是个非常头疼的问题，因为资本支出回报率是衡量企业绩效的重要因素。

中国制造企业三大当务之急

随着劳动力成本的上升，经济增长速度放缓，中国难以继续稳步提高工业产出和生产力，因此中国制造商必须在卓越运营上与国际水平接轨。能效改善对很多企业来说是重要的机遇（详情请参阅本期《抓住中国的节能机遇：案例研究》），但它只是众多机遇中的一个。如果企业希望实现差异化，摆脱对低成本的依赖，可根据自己所在行业的竞争特点向上游拓展（大力投入创新和产品开发），或者向下游拓展（克服价值链的复杂性），或者干脆双管齐下。

1. 实现卓越制造

精益生产和六西格玛对于中国企业来说并不陌生。无论是本土企业还是跨国企业，都曾试图把这些卓越制造的工具和方法引进到中国的车间来。但是目前这些工具的成效仍然有限，主要是因为中国的管理人员往往重“硬件”（技术工具），轻“软件”（理念和行为）。比如，近期有一家国企开展精益制造转型，虽然技术变革方面做得很到位，但是总体转型效果仍然落后于既定目标，主要原因就是管理人员和监督人员没有在变革过程中及时培养出必要的软技能（包括领导力），导致变革效果难以持久。

4 中国国内汽车行业在全球规模最大，因此需求的波动会给生产造成惊人的影响。例如，1995年的汽车产量就比长期年增长率（1995~2012年）预期少30万辆。相比之下，2010年的总产量比预期超出270万辆。

同时，中国制造业发展速度过快，许多人员都不具备相关经验，这也是造成问题复杂化的原因之一。我们看到过太多新建工厂的一线管理人员由于缺乏识别问题的经验，一味被动应对问题，解决问题时治标不治本。存在这种问题的公司，精益模式永远无法在产能提高上发挥100%的效果。比如，一家汽车装配及汽修企业开展产能提高项目，可是项目组领导用在辅导员工和问题解决上的时间只有5%（最佳做法是30%）。后来，该公司决定暂时把项目放一放，先把项目组管理人员和监督人员的标准化工作日程梳理清楚，并且着重强调班组会议是专门用来解决问题和辅导员工的，并不是用于突发问题的“救火”。

文化差异仍是阻碍中国企业提高运营效率的一大障碍。在某家合资汽车企业，为确保工作项目进展一目了然，外方安装了目视管理看板，他们认为这种工具在全球汽车行业中已有广泛的使用，员工理应会接受。实则不然，一线员工非常抵触，把这个举措看作是对个别员工的批评。后来合资企业的管理层不得不另辟蹊径，想出既能达到同样效果又不会疏远员工的两全方法。此外，中方高级管理人员尽管也支持变革，但是起初对于带头接受这种更透明、更包容的工作方式还是不太适应。最终，企业建立了一个名叫“持续改善”的新部门，帮助员工和管理人员了解提高透明度和持续改善是一种新的工作方式，而不只是“昙花一现”的举措。汽车制造企业的这种经历并不罕见。事实上，本地管理层能够参与变革是非常积极的信号——但通常的情况是，一线人员必须自己找出适应变革的方法。

最后，中国的制造企业必须将效率改善拓展到整条价值链。一家汽车合资企业近期启动了这项进程，与60多家供应商共同合作，解决了30项最棘手的质量问题，整个过程仅用了6个月的时间，并且杜绝了问题的复发。这在很大程度上得益于该公司为员工配备了评估工具，培养了相应技能，鼓励供应商在解决问题时要标本兼治。同时，公司还打造了新的绩效管理体系，以确保汽车制造商和供应商能够各司其责。

2. 向上游进军

对于依赖创新的行业来说，在成本上涨、供应链复杂、竞争压力的三重冲击下，过去如鱼得水的产品开发方法可能会变成现在的负能量。要想保持竞争力，本地企业和跨国企业都需要改变，首当其冲的就是要改变对产品开发的理念和态度。

产品开发的拦路虎。中国本土企业必须摆脱过去几十年来形成的“求快、求便宜”的研发思维定势。在每个像华为这样的世界级创新企业背后，我们仍然可以看到数十家规模较小的企业在研发方面困难重重、后继

中国湖南长沙，广汽菲亚特工厂车间，工人正在为菲翔（Viaggio）安装门板。

乏力，但唯有研发才能帮助他们从名不见经传的初创企业发展成可以实现全球梦想的行业翘楚。举个例子，中国某家医疗设备厂商近年来增长缩水一半，原因就是不少国内小厂抄袭其产品设计，压低价格，其做法与该公司早些年抄袭其他跨国企业的做法如出一辙。即使现在该公司开始提高研发能力，积极开发市场洞见（由于缺乏必要的技能和相应的制度流程，这些工作的开展非常困难），模仿抄袭的理念仍然非常普遍。

在一定程度上，跨国企业也面临理念上的挑战。尽管许多跨国企业对其在华研究部门进行了大规模投资[5]，但是它们仍被当作总公司这艘“母舰”的低成本“研发副中心”。即使一些跨国企业在中国建起了本可以自主运营的研发中心，但由于缺乏必要的支持和技能，中国研发中心无法真正成为新知识产权的创造者，只能作为知识产权的消费者。我们了解的一家医疗产品企业（跨国企业）就印证了这些问题的存在。

该公司中国研发部向总部汇报发现了当地市场的需求缺口，想开发一

5 麦肯锡近期一项调研发现，80%参与调研的全球高管认为，企业实现创新目标的最佳方式是建立多个研发副中心，使其形成一体化的研发网络。63%的回复者表示，他们所在企业的研发组织架构已经建立了多处研发副中心。欲了解更多详情，请参阅“Organizing R&D for the future”一文，作者Marla M. Capozzi，Peet Van Biljon, Jim Williams （发表于《麻省理工斯隆管理评论》，2013年54期春季号，19-20页）。

款新型的低成本医疗诊断产品，但是总公司拒绝提供研发资金。中国区总经理认为总部的决定非常短视，因此据理力争，最终总部同意，如果他的部门能够自行解决新产品的资金问题，可以获许开展研发。该部门通过向客户积极宣传并揽收预付订单等方式，最终顺利开发了这款产品，甫一面世即在中国市场取得了巨大的成功。后来其他国家分公司的销售人员听说该产品十分受欢迎，也纷纷开始在自己的区域销售。18个月后，总公司决定对这款产品进行改进，但是并没有把改进项目委托给中国研发团队，而是让总公司的核心研发小组负责，中国团队仅提供支持。总部研发小组接手之后坚持在产品中加入更为讲究的技术特点，导致产品成本太高，消费者不买账，最终产品失败。

成功的案例。至于如何克服这一挑战，一家全球照明设备制造商的经历可以给我们一些启发。随着全球消费者日益青睐LED技术的照明应用，该公司在LED照明市场发现了巨大的商机。但市场的竞争也异常激烈，中国和台湾地区的企业已经占据了低端消费群体。所以仅凭良好的产品设计是不足以赢得市场的，还必须能够达到一定的价格低点并迅速建立起规模。

一开始，这家跨国企业考虑使用具备世界一流水平的全球研发部来开发这款产品。但是高管们很快就开始担心，因为全球研发中心一贯都以工程技术为导向，不太接触市场，这种文化之下研发出的产品一定会超成本，“超规格”。另一方面，如果让中国研发部负责，也会冒很大风险：中国研发部在把握客户洞见方面较弱，也没有与上游供应商网络或公司全球供应链下游合作的丰富经验，恐怕难以在成本和速度上形成竞争优势。让两支研发力量合作，发挥各自的优势，可能是最容易想到的折中方案，但是这意味着双方要克服时区不同造成的延迟，同时还会加深领导们深恶痛绝的“各自为政”的文化。最终公司决定将其作为改善两支研发团队的试点项目，这样一来，中国研发团队经过锻炼可以变得更加独立，同时，该项目的经验也能推广到全球其他地区。

为了实现该目标，公司高管迅速在中国区集结了一支跨部门研发团队，成员分别来自市场部、采购部、供应链、质检等部门。在十个星期里，该项目组密切合作，制定出了创意生成和决策流程。遵循该流程，不仅可以打造规模化的制胜产品设计，还可以培养技能、开发流程，日后可以在公司全球业务中使用。该项目组通力合作，挖掘并测试客户洞见，分解研究竞争对手的产品，不断完善自己的产品设计。同时，项目组还与供应商一起走进车间实地调研，与各类制造业专家碰头，了解如何使产品设计更经济实惠、更加模块化。

制定一套简单的法则，对打破旧习惯、释放新创意十分重要：项目组

中国消费者的变化速度远快于供应链的消费速度。

必须全面均衡地考虑价值链的方方面面，不能厚此薄彼。在面对最重要的决定时，要不断地从总成本的角度提问题。这种方法能够激发出好的改进创意，尤其是平时容易忽视的地方。以产品包装为例，项目组发现了如何让自己的产品在货架上看起来更为醒目（由于市场竞争激烈，这一点在当地市场非常重要），同时降低物流成本并通过提高原材料使用效率来降低其他成本。

随着项目如火如荼的发展，这一方法也得到了中国区其他业务条线管理人员的青睐。公司还把项目组中的部分人员培养成“变革因子”，确保在试点结束后仍然能够保持这股良好的变革势头。这个项目最终成功帮助企业降低了生产线上的成本，成本低于预期20%。此外，这次试点也帮助企业做好准备，使其能够随着行业的成熟，有效抓住任何降低成本的机遇。

3. 克服复杂的供应链

尽管不同制造行业的价值链复杂度有差异，但是总体而言，中国消费者的变化速度远远超过供应链的适应速度。确实如此，无论是跨国公司还是本地企业，在中国建立的供应链都是以低劳动成本为基础的，可是这个优势正在逐渐消退。

以长周期为基础的需求规划效率低下，规划的透明度和跨职能团队的合作水平都不高，因此企业必须重新思考需求规划。一家大型消费电子企业的经验可供我们参考。该公司发现产品需求规划流程已经与某些高端产品的新需求模式脱节。需求预测结果不准确和延迟，严重扰乱了生产运营，导致库存过高，下游客户不满。对这家公司而言，最重要的转折点是：他们后来意识到问题的症结在于，规划人员对所有产品均使用同一套规划方法，不管产品的市场特性如何。于是，公司采用了分级方法，把需求模式较清楚的基本型家电（如电饭煲）与变化较快、需求不太确定的产品规划分开。对于基本型产品，公司制定了一种“基础型”的简化规划方法。对于高端产品则根据不同产品线制定具体计划。

使用该方法后，很多方面有了明显的改善。例如：整体预测准确率从35%提高到65%。库存从55天以上降低到30天，准时交付比例从60%提高到95%。更重要的是，调整后的方法让规划工作变得更加有趣，员工们陆续接受了高级预测技术的培训课程。之后，规划团队的员工流失率大幅下降——从转型前的50%下降到转型后的20%。转型的第二阶段仍在进行中，该公司开始把这一方法从高端产品推广到具有类似需求特征的其他产品。

需要指出的是，该公司把原先“铁板一块”的供应链分解成多个更加灵活的“小片”，提高了复杂供应链管理的效率。需求较稳定的产品仍然采用传统的市场进入方法，即通过沿海分销中心和大规模订单直接出货的方式到达零售商手中。高端产品则通过规模较小的区域性分销中心，这些分销中心通常距离内陆需求地较近。对于某些产品来讲，这种方法可以让企业测试延期战略，在需求地附近进行产品最终组装，有助于降低成本和库存水平（有的客户最多可以降低45%）[6]。

企业开始走近中国内陆三四线城市消费者的同时，也催生了物流枢纽和物流资产的发展。有了物流能力，企业就可以更好地为网络购物需求服务（请参阅《中国网络零售革命：线上购物助推经济增长》）。这些投资也不是没有风险，不少我们熟识的高管都担心企业的过度扩张。有些人会这样描述：“往西部发展，但是不能太远。”那些有全球发展计划的中国企业明白，贴近客户也意味着贴近西方客户。有几家大型白电厂商正在考虑将装配线和产品测试工作扩展到发达国家去，因为他们意识到，从深圳或其他枢纽提供服务已经无法满足客户需求。

• • •

近年来，中国在制造业上的崛起令人瞩目。然而随着成本上涨，客户成熟度提高，宏观经济出现新形势，制造业过去尊奉的金科玉律已经渐渐不再适用。对于本土或跨国制造企业来说，提高生产力、改进产品开发方法、克服供应链的复杂性势在必行，能够实现这些改变的企业可以为自己打造持久的竞争优势。○

6 欲了解更多详情，请参阅“Building the supply chain of the future”（作者：Yogesh Malik, Alex Niemeyer, Brian Ruwadi）, mckinsey.com, 2011年1月。

三位作者谨向郭射、Mads Lauritzen、Gregory Otte(欧国伟)、Gernot Strube(司徒诺)、苏旻和张竞瑶对本文所作的贡献表示感谢。

Karel Eloot（艾家瑞）是麦肯锡全球资深董事，常驻上海分公司；
黄学川和**Martin Lehnich（林瑞琪）**是麦肯锡全球董事，常驻上海分公司。

抓住中国节能机遇：案例研究

王平，傅源，陈晨

企业节能首先要从改变理念入手——而不是改进设备。中国一家大型国有企业的最新进展为各个领域的企业提供了宝贵的参考经验。

节能和减排在中国企业的日程表上已经是两大迫在眉睫的课题，对于像电厂、钢厂、化工厂和汽车制造厂等重工业企业来说更是重中之重。能源是这些行业最大的支出项目之一。在中国，可变成本占总成本的比例最高。而在发达国家，固定劳动力支出占总成本的比例最高。因此大宗商品价格波动对中国核心产业的影响更为巨大。这些经济基本要素的变化同样也会影响跨国企业和本土企业，所以确保能效提升的成果对所有类型的企业都是至关重要的。

然而，取得显著的能效提升是相当艰巨的任务。对于大多数工业类企业来说，不仅仅是在中国，未来趋势是将能源节约与资本支出、设备改进和其他技术解决方案相挂钩。当然，通常最难改变还是合作不畅，以及一线人员的被动心态。中国以及其他国家的很多企业都缺乏对于能源产量、能源产出和能源消耗总体对运营的影响的全局观念。即使有，也仅仅是些表面的考量。

即便如此，中国一些领先企业已经取得了不小的进步。我们将以一家能源和排放密集型国有企业于金融危机之后着手在其所有工厂推广节能举措为例。通过实施这些举措，这家企业的旗舰工厂的能耗下降超过了10%，我们将对此做比较深入的分析。该案例为中国以及其他地区的产业寻求降低成本和更加高效利用能源提供了可资借鉴的深入洞见。

遭遇低迷

消费者需求在全球经济下行期间迅速下滑，企业领导层眼睁睁看着大宗商品价格在几周内就下滑超过50%。四个月以后，集团一贯的盈利纪录被打破，出现了较为严重的亏损。

为了抑制亏损，公司领导层推行了大幅度的运营改善举措。显而易见，能效成为改革的第一步——因为能源是最大的成本项目，占工厂可变成本的一半，以及总成本的40%。相比之下，人力成本不到总成本的8%。领导层相信只有通过改善能效，公司才有可能再获利润，运营基础才能更加牢靠。

“能源是免费的”

公司高管召集专家团队对现状进行评估，然而，他们一开始就遇到了难题： 在工厂层面没有员工负责记录能源使用的详细情况。即使在集团层面，公司也不清楚能源消耗、产量和产出总体对工厂经济效益和运营的影响。在旗舰工厂，仅有一名员工处理能源相关的问题，而且还是兼职，但他只负责基本监控和出于政府汇报目的的数据收集，而非为了提升能效。

这种忽视能效的现象在中国并非罕见。更令人吃惊的是，在其他国家的工业企业中也是屡见不鲜的。这是因为和能源相关的成本都是在各使用部门按照一定比例分摊的，而非按照工厂的实际消耗来计算。如果提到能源相关话题，大多数中国企业的一线员工会认为能源是“免费”的——这也是我们在全球大多数工厂所听到的。这种心态导致了很多善意但却短视的行为。例如在一线，工人用压缩空气来冷却马达，以延长马达的使用寿命。但如果以年度成本来计算，压缩空气的成本是购买新马达费用的几倍。

公司专家开始与旗舰工厂的负责人一起收集数据，寻找能效提升的机会，但是很快他们又遇到了一个理念挑战，这也是在运营改善项目中常见的：自我满足。工厂负责人认为这是他们员工的自豪感，多数员工都认为能效在一定程度上已经接近甚至达到国际标准。他们还认为改善空间最多只有几个百分点，而且只能通过增加新设备才能实现能效收益。这种态度在工厂是普遍存在的。“我们已经是国内最好的”，一个工人说。“我们的技术已经是最领先的”，另一个工人说。

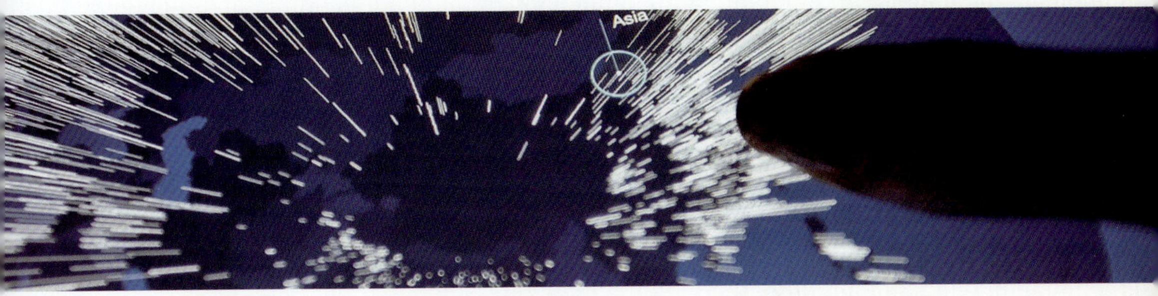

敲响警钟

公司从两个举措着手扭转局势。首先，经过和行业标杆企业的对比后发现，和全球竞争者相比，旗舰工厂表现中规中矩，公司的最优表现显然还不够好。

其次，公司CEO决定突访工厂。他意识到想要抓住节能机会就必须痛下决心，以崭新的思维看待运营，并找到变革的起始点。此外，他也希望向工厂领导和工人传达一个明确的信号——推动变革势在必行。

为了避免走漏风声，在一个傍晚，CEO将公司用车和司机留在酒店，与两名员工乘坐私家车前往工厂，察看夜班情况。CEO花了近20分钟才在偌大工厂的狭道里找到了当班班长。他吃惊地发现煤气发生炉区域[1]空无一人，按理说应该有员工在此调整炉况，降低能耗。结果这些工人全在控制室里闲聊。一个细节说明了部分工人在面对能源挑战时态度不够认真严谨：维护清单显示检查完成时间是隔天早上5点，还带有负责人签名，但当时还不到午夜。

那周晚些时候，CEO又去考察了附近的煤场和附属设施，尽管情况不像上次那样无序，但也让他意识到推动变革的急迫性。一周后，CEO宣布大量撤换工厂领导，试图加强管理纪律，提高能效。

言归正传

警钟敲响之后，经理和工人全力以赴。以厂里的煤气发生车间为例，公司针对煤的运输和储存进行了合理化改革。煤被开采之后，会迅速氧化

1 煤气发生炉是常见的将无烟煤转化为煤气的过程，常用于重工业行业，例如：化工、炼钢和炼油。

降解，但透过更妥善的处理和明确“先进先出”的系统，公司大大地提高了煤气发生炉的能效。

同时，采用更好的筛选系统，确保无烟煤的颗粒大小一致，提高气化效率。最终，通过更好地管理和追踪煤场情况，公司将库存量从20天减至10天。这些变革——连同提升锅炉、涡轮和其他相关设备效率的类似举措，在煤气和蒸汽上减少13%的成本（仅第一个月成本就下降了7%）。

公司在提高电机、泵和其他对工厂运营至关重要的设备都采取了类似举措。以蒸汽相关流程变革为例，大部分的改善举措需要的资本投资并不多。迄今为止，公司的高管已确认在该领域至少能提升15%的能效，预计在12个月之内能完全达到（或超越）能效目标。

先衡量，后管理

为了确保变革能持续，公司在推进运营变革的同时，还严格执行数据采集和绩效管理系统。过去，公司从未严格衡量工厂中大型运作流程的实际能源使用情况。而现在，公司会确实衡量每个流程。改善后的追踪系统和明确的车间看板（看板能帮助工人更清楚工作流程，能更快地针对后续引发的事件做出反应）有助于工人监控温度、流程和误差，实现节能最大化。该工厂也进行了“理论极限”分析，帮助技术人员决定改善方向和举措，并量化所需的投入，了解工厂达到最佳绩效后的情景。

当前，节能目标和工厂经理的绩效考核挂钩。同样地，对促进节能的潜在因素（例如：某个工艺流程的操作温度）拥有直接控制权的经理和工人都被指派为“负责人”，身负达成目标的重任。而日常绩效对话在让工人顺利工作的同时也为他们提供一个讨论平台，能即时发现问题，进一步探讨从而解决问题。此外，透过仔细明确排序和衡量工厂与个人车间层面的目标，一线工人能专注于手头上会影响流程或活动节能的潜在因素。这个方法也确保了这些工人负责的特定领域都能为工厂的节能目标大局做出贡献。

与此同时，在企业层面，公司设立了一个由副总裁所领导的新团队，负责推动节能事务。公司下属每个工厂的副厂长都和专家在高耗能车间进行密切合作，监控进展、提出改善建议。其中有些改善建议是由车间工人所提出的，因为他们现在清楚地意识到自己的行动会影响能源使用情况。部门之间的合作也大有改观。如同一位车间副主任所说：“我们已经和能源价值链上的各个车间和分厂之间建立了紧密联系和合作。”

第一波改革的结果相当令人振奋，变革持续在旗舰工厂和其他工厂推广。第一年之后，旗舰工厂取得的结果已经超过预定整体目标，降低了12%的能源消耗，节约了2亿人民币（约3200万美元）。现正进行中的第二波节能工作，预计还能带来可观的成本节约。在之后与行业标杆企业的对比中发现，旗舰工厂已具备跻身同类企业中全球十大节能工厂的潜质——该公司的领导期望在不远的将来能达到这个目标。现在该公司将节能视为提高利润的最大杠杆。事实上，公司2013年已经宣布，在整个旗下工厂体系中节能举措将为流程改进收益贡献绝大部分。这些收益预计将超过旗舰工厂所取得的10倍。○

王平是麦肯锡全球董事，常驻香港分公司；
傅源和**陈晨**是麦肯锡咨询顾问，常驻上海分公司。

聚焦科技创新

72
在PC+时代登上新高峰：杨元庆访谈录

77
中国式创新：新趋势和新突破
Gordon Orr，Erik Roth

中国中南部湖南省邵阳，证券交易所，股民手执数码相机盯着屏幕。中国创新步伐逐步加快，创新精神正逐步渗透到各行各业，包括大学校园，甚至是中国政府的一些关键部门。

在PC+时代登上新高峰：杨元庆访谈录

作为世界最大的电脑制造商之一，联想希望其移动设备业务有力地补充而非取代个人电脑（PC）业务。

公司成立之后整整二十年，联想集团在中国以外的市场还属默默无闻。直到2005年，联想以17.5亿美元的价格收购了IBM的PC业务[1]，包括后者标志性的ThinkPad业务线，一跃跻身于世界最大的PC制造商之列。如今，这家中国企业已经成长为世界最大的PC制造商之一，并大举进军飞速发展的平板电脑和智能手机市场。

1989年，公司成立仅五年，杨元庆作为首批员工加入联想，担任销售工作。之后他的事业风声水起，1994年开始负责公司整体PC业务，并于2001年柳传志退休后接任公司首席执行官。2005年，杨元庆辞去CEO，担任集团董事长四年。2009年，重任CEO，由柳传志担任董事长。他们并肩作战，成功地带领联想挺过了全球金融危机的艰难阶段。公司恢复元气后，柳传志2011年再次退休，由杨元庆担任董事长兼CEO，带领联想再接再厉再续辉煌。本次访谈中，联想董事长兼CEO杨元庆与麦肯锡的Rik Kirkland及欧高敦（Gordon Orr）讨论了投资于创新的重要性以及PC演进的必要性。

《麦肯锡季刊》：很多人，尤其是美国人，都认为PC业务将在未来数年急剧收缩。您是如何领导联想应对这种可能情况？

杨元庆：靠战略。这个行业一定会往智能手机和平板电脑等快速增长

1 IBM收购案于2004年宣布，联想出资12.5亿美元现金和股权，并承担IBM的所有债务。

的移动设备转。联想很多年前就开始着手应对了。我们相信能够同时做好移动设备市场和我们的PC核心业务。如在智能手机方面，我们在国内排名第二，全世界排名第五。

《麦肯锡季刊》： 主要还是由本土市场拉动。

杨元庆： 没错，但是我们也在进入其他新兴市场。我们不相信PC业务会就此消亡。手机或平板电脑可以处理一些简单的工作，但不是万能的，功能跟PC还是没法比的。比方说，回邮件我还是喜欢打键盘。不过传统的PC需要创新，联想在这方面做了很多工作。

Yoga超级本就是很好的例子，它既是笔记本又是平板电脑。在Yoga推出之前，我们从来没有打入过美国的高端笔记本市场，所有产品的价格都在299至399美元之间。自从Yoga发布以来，我们在900美元以上的美国高端零售市场获得了超过40%的市场份额。而且就是靠这一个产品，就13

杨元庆

个人情况

1964年11月12日出生于中国合肥。

教育背景

1986年毕业于上海交通大学，获得计算机科学本科学位。1989年毕业于中国科技大学，获得计算机科学硕士学位。

职业发展

联想（1989至今）

- 董事长（2011年至今）
- CEO（2009年至今）
- 董事长（2005年~2009年）
- 总裁和CEO（2001年~2005年）

荣誉及职务

《福布斯中国》（2007年）“中国年度商业领袖”，《福布斯亚洲》（2008年）“年度商业人物”，《金融亚洲》（2011年）“中国最佳CEO”，

纽约证交所国际顾问委员会员，中华全国青年联合会委员，

中国企业家协会理事，中国科技大学客座教授。

寸和11寸两个型号。这个产品相当成功，不仅实现了销量和市场份额双增长，还把联想打造成人们眼中的创新品牌。还有一个例子是刚上市的智能桌面PC Horizon，是从传统的一体机或台式机演变而来的。我们把它从个人电脑变成了多人共享设备作为家庭的娱乐中心，有好的硬件，还有配套的软件和应用。这类创新使得PC不但不会消亡，还会继续成长。我们不认为后PC时代的来临，未来应该是"PC+"时代。我们知道PC不再是唯一的上网设备，但是它仍然非常重要。

《麦肯锡季刊》：联想在2012年一季度时已经成为世界最大的PC制造商。竞争对手以前是否低估了你们？

杨元庆：联想以前是中国本土品牌。现在被视作真正的竞争对手，我们的市场竞争力提高了。这个行业靠的是销量和规模，上到规模就有优势。所以，首先来说，成为市场领袖从效率的角度而言非常重要。其次，领先PC公司有助于品牌推广。考虑到几年前联想的情况，这一点更为重要。中国媒体采访的时候问我，成为第一有多重要，我的回答是："你能说出世界上最高的山吗？"他说："喜马拉雅山。"我再问："那第二高的是哪座？"这就是为什么成为第一那么重要了。

《麦肯锡季刊》：你的竞争对手有没有犯错？

杨元庆：我认为有些企业对于移动互联网的反应过慢。一大原因是他们觉得什么都可以外包，除了制造，连研发也都可以。一旦你决定让外人帮你思考的时候，你就错失了创新的火花。

我们比竞争对手发展得快，不是因为紧跟"苹果"，我们没有。联想发展的原因是十年前就看到了市场趋势——PC市场迟早是要缩小的，并且敢于在创新上投资。我始终坚持研发智能手机，接任CEO之后，就把之前卖掉的手机业务重新买回来，当时手机一设计好就立刻推向市场。而且，最根本的是，我们做了，做得还很不错。这也是我们如何保持强劲动力的生动例子。

《麦肯锡季刊》：这点很有趣，因为很多人对中国企业的认知与此完全相反。他们认为中国公司没有研发，只是在抄袭别人的产品。但是您却认为自主研发也很重要，还在中国甚至是日美投资建设研发中心。

杨元庆：确实，一方面可以说我们专注于网络接入设备，那很基础。但是联想也知道未来不仅需要硬件，研发很重要，我们必须要考虑整套方案：硬件、软件、服务和内容，才能给客户最佳的用户体验和丰富的应用。我们始终相信，要成为最具创新的公司，就必须任用最好的人才。而且是来自于五湖四海的人才和新技术，不同的国家和市场有着不同的需求和要求。所以，建设全球研发中心就相当重要。

《麦肯锡季刊》：在联想从本土走向国际的进程中遇到哪些挑战？

杨元庆：全球运营挑战很多。哪怕是一些小事，比如第一次全球运营会议，有些意思我听不懂。虽然大家都说英语，但是口音完全不同！说真的，文化绝对是一大挑战——我们当时完全不了解西方文化。而且在商业模式方面，也不知道本土的成功能否复制到世界其他地方。当时很艰难。我喜欢讲这样一个故事：如果有人总在河里游泳而不去海里，不管能力多强，他永远都不能在海里游泳！因为他害怕。但是你得记住技能是可以转移的。在河里游泳的人一样能在海里游得很好，只要对自己有信心。

《麦肯锡季刊》：联想购买IBM是一头扎进了深水里，现在也还在收购巴西、德国的许多公司。那现在你游得有信心吗？

杨元庆：现在很有信心。我们也渐渐意识到全球化必须是名副其实的。一些所谓跨国公司或全球公司，其实名不副实。大多数财富500强公司都不是全球公司，高管基本是美国人。欧洲公司的大部分高管是欧洲人。所以，他们不算是真正的全球公司。联想的文化决定了我们必须成为名副其实的全球公司。

收购IBM的PC业务时，是一个30亿美元的公司去收购一个100亿美元的公司。在意识到要在海里游泳之前其实我们已经在海里了，所以就必须请教练。我们请了两代美国CEO帮助公司完成第一阶段的全球化——完成整合和提高效率。这种情况决定了联想的高管来自世界各地。比如，联想执行委员会的九个成员来自六个国家。

我们还知道，要成为一个真正成功的全球企业，就必须要做到人才本地化。除了营销和销售，还有很多职位和职能，比如制造和研发。我们相信这样可以更好地服务于当地客户，理解当地市场，而不是远程遥控。我们的目标是将联想打造成全球化的本地企业。所以在关键市场，我们都会通过新建或收购发展本地业务能力。在中国、美国、日本和德国联想已经根基稳固，目前正努力开拓巴西、印度和俄罗斯。

《麦肯锡季刊》：联想在印度如何成为最大的PC制造商？

杨元庆：联想对所有市场都适用四大原则。第一，正确的战略和良好的执行。这就意味着在全部产品领域都要逐渐向价值链上游移动。第二，好的产品和创新。我们在2013年的电子消费品展览会上大获成功就是很好的证明，大家已经把联想看成了创新和走在技术前沿的企业。第三，商业模式的有效性和高效性。第四，多元化的全球团队和文化。

不管在哪个市场，商业模式都很重要。戴尔的直销模式有利于企业客户，此类用户主要考虑可靠性、耐用性和安全性等问题。但直销模式对于个人消费者并不理想。个人消费者注重的是自己是不是跟上了最新科技和流行元素。供应模式不同。关系模式适合企业客户，直销的利润更高。但是对个人于消费者，我们觉得交易模式(transactional model)最适合：必须是一个推动模式，制造商把产品推出去，而不是按照消费者的要求生产。

所以联想在中国建立了端到端的整合交易模式，并推广到印度的所有职能部门。在内生性增长方面，首先尝试小型城市，引领新兴市场的发展。基本上，我们一直没有把印度当作一个大的新兴市场，而是许多小型市场的集合，并且对它们分成不同的级别。

《麦肯锡季刊》：十年之后人们会怎样评价联想？

杨元庆：希望成为全球更受尊敬的企业，在所有的客户细分和技术领域构建起强大的全球业务，不论是PC还是移动设备，不论是个人消费者还是企业客户，不论是在成熟市场还是新兴市场。中国还将是联想最大的利润池，毕竟进入美国市场不久。在其他国家，我们也才起步，不能把全部的钱拿去实现利润，必须要拨出一部分在未来投资或为未来投资。我们相信这些业务投资今后会带来回报。

我们希望从PC的市场领袖转变为“PC+”的创新领袖。这将确保公司的持续发展和利润，并为建设基业长青的伟大全球企业奠定坚实基础。

由Rik Kirkland 和Gordon Orr（欧高敦）共同进行访谈。 前者为麦肯锡出版部资深执行主编，常驻纽约分公司。后者为麦肯锡亚太区董事长，常驻上海分公司。

中国式创新：新趋势和新突破

Gordon Orr，Erik Roth

从基因科学到移动应用程序的创新无不取得重要进展，但透过表象看真实情况具有更深远的意义。

2012年我们在《麦肯锡季刊》刊登了《CEO中国创新指南》[1]一文，该文的讨论重点是中国能否成为创新大国，还是维持快速跟进国外领先业者的模式。实际上，这个问题在当时已显得过时，因为中国的企业已投身于创新，每一天，我们都看见拥有庞大产品研发体系的国内外业者在可再生能源、消费电子、即时通讯或是移动游戏等各个领域上演着创新。

现在，我们仍然坚持这一观点。事实上，我们感到创新的步调更快了，且一股新的创新风气在各行业逐渐散布开来，甚至大学和中国政府的关键部门也置身其中。在近期与中国企业高管的一系列访谈中，我们也发现了真正创新领导者的明证，以及未来出现更多创新领导者的可能性。例如成立甫三年的中国生物科技公司百济神州，其首席执行官欧雷强(John Oyler)就特别提到他在公司里看到的中国科学人员的态度——“没有不可能的事，我们要化想法为现实，没有不能克服的挑战，我们要让全世界赞叹称奇”。其实在许多传统上由欧美日韩称雄的产业中，我们看到不少企业开始发动攻势。例如全球最大的基因序列公司北京基因组研究所就宣称该机构占全球约五成的产能，其测定的遗传物质序列数甚至超过哈佛大学和麻省理工学院两大学府的加总，该公司同时还从

1 Gordon Orr与Erik Roth合著《CEO中国创新指南》(A CEO’s guide to innovation in China)，《麦肯锡季刊》，2012年第一期，mckinsey.com.

事全球若干最先进的生物计算模型的开发。在信息和通信科技方面，华为在2013年拉斯维加斯的消费电子展上，推出搭载自主设计的晶片和软件的新款创新智能手机平台，令人为之惊艳。而成立于2010年因为其市场战略和忠实拥趸被称为“中国苹果”的智能手机业者小米，预计2013年可以顺利卖出超过1500万台手机。美的近期宣布推出一款领先国际竞争对手的高效率1赫兹变频空调压缩机，也着实让同业大吃一惊。另外，提供语音通讯和游戏服务的YY语音也以其大众在线卡拉OK的服务而声名鹊起。

在2013年的文章中，我们提到未来的赢家必须对中国消费者有更深刻的了解，并将其融入创新活动，同时必须要留住本地人才，并培养勇于承担风险的组织文化，以及促进组织内部合作。这些条件都很重要，但时至今日，单单具备这些条件并不足以成为市场赢家。本文结合近期的访谈，以及我们与数十家中国企业的合作经验，指出未来几年将影响创新环境的三大发展趋势：中国大学学府在地方的创新生态中扮演的角色日益重要；中国本地对保护知识产权的兴趣和关注提高；新一代人才的出现。如果我们没看错，这些力量将会加速实现创新潜能，因为不论是本土企业或跨国企业，能不能积极把握这些力量将会是成败的关键。

1. 寻求大学成为创新伙伴

对于中国的大学，人们的普遍看法是能够高效培育出大量具有一定资质的专业人才，他们擅长将现行的解决之道应用在既定的问题上，而这些人才的未来出路可能是“山寨创新”（copycat）。但这一现象正在发生快速变化，顶尖学府针对重点学科已经启动全球顶尖教职人员的招聘，以培育创新的环境。例如为了发展废水处理的科研课程，复旦大学从新加坡“挖”来了该领域一位全球享有盛誉的学者和研究者。全球知名的科技期刊也出现越来越多中国研究人员的文章：例如《自然》(Nature)杂志2006年刊登的中国科学家的论文才46篇，到了2012年高达303篇。

随着高等学府不断提高自身素质，它们逐渐成为相关领域国内外企业考虑的创新合作伙伴。说起来这也不是新的现象，例如英特尔长期以来跟这些大学合作，针对与该公司业务相关的技术，提供研究项目、博士论文及技术论坛的赞助。唯一不同的是，越来越多企业把中国大学视为，套句我们近期访谈的一位高管的话，“外包研发”平台。

中国某包装品公司的食品科学研究几乎完全在本地一所大学的实验

在过去一年，我们看到中国公司开始把保护知识产权纳入员工行为守则，有的要求员工并且签署保密协议，并作年度考核。

室里进行。LG上海研发中心副总裁兼负责人彭培源最近为我们说明了该公司与顶尖中国大学实验室的联合研究项目范围，以及中国教授如何协助LG招聘最聪明、最优质的中国研究人员与工程师。同时在生命科学领域，百济神州首席执行官欧雷强也谈到中国的大学是价值被低估的宝藏，蕴藏着丰富的“能成功解决棘手问题的创意人才”。欧雷强的团队积极与中国生命科学研究所（与百济神州总部隔街相望）的科学家积极合作，该研究所去年发现乙肝病毒受体，使得这一亚洲慢性流行病的防御工作向前迈进了一大步。这两个单位的研究人员主要是通过各种正式和非正式的会议不断交流思想[2]。

对跨国企业而言，这样的做法自然也存在风险。中国许多大学都跟政府关系紧密，而政府对国内创新的重视可能会对密集开放式的先进技术研究产生不利影响。尽管如此，LG的彭副总也指出，正是因为大学与政府的这层关系，大学教授往往能从政府得到政策方向和市场规范改变的宝贵信息。因此，将中国大学纳入企业创新体系的跨国企业，也可能因此有机会及早洞察这些蛛丝马迹。

2.创新文化的核心要素是保护知识产权

中国政府在保护知识产权方面的努力也更为积极。例如中国公安部经济犯罪侦查局副局长高峰，以令人意料的坦诚指出当前知识产权的制度缺陷，并誓言将持续做出改善[3]。负责起诉违反知识产权行为的政府部门宣称 2012年共处理2347宗案件，比2011年增加了将近四成，这两年当中解决的案例金额高达20亿美元[4]。另外在江苏省，苏州市政府也正在其创新园区隔壁兴建一个面积50万平方米的机构，目的是要让知识产权相关单位与领先的科技公司比邻而居，以提高对知识产权问题的重视，同时强化专利审批与保护的处理程序和质量。尽管这些尝试属于地方政

2 “北京生命科学研究所科学家发现乙型肝炎和丁型肝炎病毒功能性受体”。www.nibs.ac.cn/en/research_news/elife.html，2012年11月。

3 Progress in fight against fake products，chinadaily.com.cn，2013年1月23日《中国日报》。

4 同3。

府，但也反映出保护知识产权的重要性逐渐受到重视。

尽管如此，盗窃知识产权的问题——包括组件和成品的逆向工程、仿冒和销售——仍让众多业者担忧，特别是跨国企业。中国黑客违背网络安全规定，在企业电脑网络上或跨越国境盗取高度机密信息的事件仍时有发生。

有趣的是，我们也逐渐看到一些精明的中国企业开始有意识地努力保护自己。例如一家企业就制定了一系列规定来防止知识产权外泄。该公司目前已禁止在所属厂区使用非公司核发的个人电脑、移动装置和其他电子产品，更进一步限制任何笔记本电脑或智能手机进出厂区，因为担心这些设备可能存有敏感资料。此外，从事最机密研究的那幢大楼，不但不提供无线网络接入，电脑也都是固定在桌上，同时完全没有外部网络的连线。

其他措施包括对技术的掌握进行分级，只允许少数人对复杂的核心系统有完整的了解。同时，越来越多的企业禁止带有摄像机的仪器进入研发设施。许多企业也禁止使用便携式硬盘和优盘，因为它们可以用来进行电子传输。另外海尔也开始监控员工在技术平台上的活动，包括电子邮件和网页的浏览。

海尔的经验显示，在不影响企业创新文化的前提下，建立强有力的防范机制是可行的。文化其实也是内部知识产权保护工作的关键要素之一。过去一年来，我们也看到越来越多的企业试图将知识产权变成内部的行为和道德规范的一部分，有时甚至规定要进行年度考核，以及执行正式的员工签字流程。对跨国企业来说，这更是一大利好：因为员工若感受到因为自己是全球组织的一份子而受到高度重视，而不是为了帮助集团打进中国市场的一颗棋子，那么他们就更不会出卖公司的机密。

在防堵知识产权泄漏的过程中，不难想象许多跨国企业不经意地把中国团队孤立起来。但正如一位中国籍高管所言："如果你要求中国员工忠诚，那么你应该先自问你对自己的员工有多忠诚，毕竟相互尊重才能赢得员工的信任。"

3. 开发新一代年轻人才

谈到中国的创新，一种普遍的看法是中国创新的产能（例如专利数量和研发设施的建设）大于能力——特别是针对中国人才库的质量而言。一些调研表明，时下年轻的大学毕业生具有显著的特征：教育程度高，家庭条件相对较好，比起进入私人企业，更愿意选择职业稳定的政府或国企[5]。

中国浙江大学高分子科学与工程学系高超教授展示碳气凝胶——一种在制造业中广泛使用的有弹性而且很轻的新材料。

我们并不质疑这些调研，但与我们见过的中国年轻企业家并不完全吻合。基于云技术的国双科技(Gridsum)的创始人、1984年出生的清华大学毕业生祁国晟，就是一个例子。从百度到可口可乐等跨国企业都是国双的客户，该公司2012年更打败来自全球各地的企业，被微软视为最具创新能力的新软件伙伴。

暂时撇开创业圈不谈，我们在此要特别提出值得高层领导，特别是跨国企业的高层领导重视的另一种看法。一家中国企业的西方主管向我们表示，年轻员工和公司扩张的同步增长，对于企业文化和个人心态产生了很重要的影响。他的推论是，不论年轻人上班第一天是什么样的工作态度，这些刚离开大学或研究所踏入职场的年轻人，对于新的工作方式其实具有很高的可塑性。腾讯社交网络事业群总裁汤道生也有同感，他表示该公司偏好“在年轻人受到较不重视创新的中国企业文化影响之前”，直接从大专院校把人才挑出来。

再者，目前大学毕业生进入私人企业的人数也高于其他就业渠道。

5 Bob Davis, “Chinese college graduates play it safe and lose out,” 华尔街日报，2013年3月26日。

今天许多快速增长的企业也比20世纪80和90年代规模庞大的“第一批雇主”（其中有不少是一直到近期才私有化的国有企业）更有可能培养员工创新的习惯。简言之，受到中国大学的入学和毕业人数飚升的影响（1999年新生人数160万，2012年达到750万，同年毕业生人数也从100万增加到670万），中国的人才版图也随之改变[6]。

但我们知道许多跨国企业似乎仍把重点放在寻找能帮助其快速将运营本地化的资深人才，反而对培养下一代人才较不感兴趣，也不期待他们提出持续扩大业务的新点子。麦肯锡近期一项针对在中国运营的高科技公司（包括跨国企业）的调研表明，仅有17%的受访者表示在中国从事的是领先技术的研发活动。

与之相反的是联想等本土企业。联想首席科技执行官贺志强就表示，约有70%的新人是通过校园招聘入职的。跨国企业自然应该拥抱年轻人才，但更重要的是，除非总部将创新的决策权转往中国，否则不太可能消除多年来的惯性。有志朝此方向努力的企业可以“围住”（ring fenced）一笔中国自主研发预算，同时将首席科技执行官或其他创新相关的高管职务长期派驻中国。

微软在这方面的成绩可圈可点。微软全球资深副总裁张亚勤，他同时也是该公司亚太研发集团主席兼中国研发实验室领导人骄傲地带领我们参观新成立的Azure育成中心，这是专门为新创公司提供的一项服务，帮助他们在创业初期应用Azure的云计算平台，其运作方式是由业务团队提出方案参加竞赛，获选的团队可以加入育成中心，然后会被分配到一名执行赞助人（an executive sponsor），并接受微软工程师的培训。此育成中心不只局限在云计算的领域；同时也是微软提高工程人才长期知名度的举措。而这似乎也看到回报。张亚勤在我们的参观过程中提到，微软目前可以在中国招聘的工程师，已经与总部所在的华盛顿州雷德蒙市可招聘的人数相当——这跟十年前的主流作法已不可同日而语。

• • •

一如我们过去的判断，中国的创新模式和企业的创新突破形式，可能与欧美企业有很大的差异。中国更愿意直接从研发（一般基于已落实的客户订单）跳到制造和出货。 因为绕过西方创新的传统流程——“创造、测试、修正、开发、生产、营销、销售”，而使得创新加速，同时也能

6 中国国家统计局。

迅速推出并扩大新业务规模。这一点许多跨国企业恐怕很难做到。我们经常听到这些企业的创新和产品经理谈到，为了使“立足中国、服务中国”不再流于一句口号，他们是如何与似乎永远走不完的步骤与层层关卡奋战的。

中国的模式自然也有其不足之处。我们已看到开发过程中出现质量事故、过度浪费，以及产量难以预测等问题。对本土企业而言，紧紧把握中国旺盛的创新活力，又能把握住大学、知识产权和人才最新趋势的企业将是未来的赢家，足以推出与欧美日韩抗衡的科技产品。

Gordon Orr（欧高敦）是麦肯锡亚太区董事长，常驻上海分公司；
Eric Roth（罗瑞麟）是麦肯锡全球董事，常驻上海分公司。

中国北京。年轻白领穿行于商业区。中国对具有较强领导力和国际经验的管理人员的需求增长速度超过了供给。

聚焦能力建设

86
培养中国商业领袖：
对话钱颖一

91
中国式能力建设
王平，Karel Eloot，Gernot Strube

培养中国商业领袖：对话钱颖一

麦肯锡董事长兼全球总裁Dominic Barton（鲍达民）对话清华大学经济管理学院院长钱颖一，探讨了中国一流商业领袖的特质，以及未来继续成功所必备的技能。随着国家的变革，一流商业领袖的特质也在变化。

过去数十年，中国投资了上千亿美元打造硬件基础设施，支撑其成长为世界第二大经济体。展望未来，中产阶级不断壮大，他们对产品和服务的期望值越来越高，廉价劳动力不再是制造型企业的竞争优势，创新能力愈发重要，中国构建人力基础设施迫在眉睫。中国的本土企业，以及跨国公司面临着劳动力成本上涨、招聘过程拖长的挑战。此外，考虑到目前中国在诸多前沿所发生的变化，未来经理人势必不同于过去和当前的经理人——这为领导力培养提出了反思的新要求。

西方商学院，目前很多在中国设有分支机构，也加入了这次转型，中国也涌现出一批以商业管理为主的教育机构。一个著名的例子是清华大学经济管理学院。院长钱颖一1981年毕业于清华大学数学专业，2006年担任清华经管学院院长，之前的25年在美国求学和任教。（钱院长拥有耶鲁大学和哥伦比亚大学的硕士学位，并于1990年获得哈佛大学经济学博士学位。）

钱院长在比较经济学和制度经济学上著作颇丰，曾分别执教于斯坦福大学、马里兰大学和伯克利加州大学。目前他正致力于帮助清华大学再思考适合中国商业领袖的教育课程。与钱院长对话的是麦肯锡董事长兼全球总裁鲍达民先生和上海分公司资深专家叶梅女士。钱院长分享了他在这一历程中的所学所获，以及西方公司需要了解的中国管理问题的微妙之处。

《麦肯锡季刊》：中国领导力培养的现状是怎样的？

钱颖一：这是个很有挑战的问题，因为在中国，所谓成功的商业领袖不限于一种模式。以我们的EMBA[1]学生为例。他们中有的来自国有企业[2]，这些学生兼具政府官员的特质和优秀的管理特质，其中有些人还很有创业精神。这类学员可以游刃于政府和商界之间，这是国企领导人必须具备的重要技能之一。

而来自跨国公司的学生中大部分是中层管理人员。他们英语流利、规则意识强、知识面很广，具备西方商学院学生的标准技能。

最后，还有40%的学生是土生土长的创业者。有些人在IT或者其他专业领域有着很强的技术背景，而另一些人则受过不多的正规教育，还有一些人完全是自学成才。这类学员大多拥有极强的甚至是超常的人际交往能力。他们能够轻松应对新兴市场的不确定因素以及复杂多变的环境，包括政府官僚体系。这类学员极富创业精神。

以上三类商业领袖在当今中国都可以很成功，但是方式特征各异。

《麦肯锡季刊》：*您认为未来五到十年间这三类领导力模式将发生哪些变化？*

钱颖一：变化是必然的，但是很难说是怎样的变化。如果十年前你问我这个问题，我的回答是朝着更加市场化和国际化商业技能的方向变化。

钱颖一

自2006年起任清华大学经济管理学院院长。先后获哥伦比亚大学硕士学位、耶鲁大学硕士学位，并于1990年获得哈佛大学经济学博士学位。

1 高级工商管理硕士。

2 国有企业，2010年在中国超过11.4万家。

但在过去几年，我们看到一些人从民营企业回流到国有企业，甚至从领先的跨国公司回流到国有企业。中国的商业环境正在变得更为复杂。

《麦肯锡季刊》：*这三类群体有哪些共同的技能要求？*

钱颖一：“软”技能是中国所有企业领导者必须具备的：例如团队协作、沟通能力、文化差异的把控力——所有这些都将帮助他们与别人打交道。领导力正是建立在这些技能基础之上的。过去清华的优势多在“硬”技能方面，如会计、数学、科学和工程技术。五年前开始我们调整了MBA课程，重点强调“软”技能。例如，我们设计了领导力开发课程。我们还要求学生必修沟通、 企业伦理和危机管理方面的课程。这些都是基础技能且非常重要，但还只是培养领导力的起点。

《麦肯锡季刊》：*除了基础技能，您认为哪些特质对中国培养出一流商业领袖最为重要？*

钱颖一：在EMBA开学典礼上对新生致词时，我很清楚大部分新学生已是进入不惑之年的成功人士。可以说，他们早已是领导者，有些在各自的企业中做得相当出色。我提醒他们记得这点。

然后我说希望他们不仅做好本企业的领导者，还要立志成为行业内的领军人物。如果他们真想在瞬息万变的中国成为领导者发挥影响力的话，就必须要富有远见，能够预见到未来发展趋势。区别“本年度最佳CEO”和“十年最佳CEO”的关键在于有远见。对于后者，我举高瞻远瞩的商业领袖乔布斯为例。

我希望学生做的第二件事，是他们应该运用批判性和创造性思维来思考。他们应该跳脱以往的思维模式，这在中国背景之下绝非易事。因为中国的学生所受的教育模式，大多都是死记硬背，寻找标准答案。跳脱以往的思维模式很不容易，因为到目前为止，周围的环境氛围都在倡导从众思维。不同于英语，甚至“批判”这个词在当代汉语中都带有负面含义。在清华，我们努力扭转这种心态，因为这是完成经管学院使命的必要条件：创造知识，培育领袖，贡献中国，影响世界。

《麦肯锡季刊》：*西方经理人普遍认为心态差异或文化差异是他们在中国面临的独特挑战。您认为最大的差异是什么，又是怎样影响着商业领袖？*

钱颖一：第一个差异是体制方面——中国的经济体制是一种从计划向市场过渡之中的体制。这种体制对西方经理人来说可能是非常大的挑战。除了正式规则之外，管理者还必须了解“潜规则”。你不仅要管理你的公司，同时还得熟知政府、政治和法律——你必须无所不知，但这些又瞬息万变。举例来说，美国的CEO只需雇佣律师或专业人士就可以了解和查明这些事情。但在中国，这是不够的，CEO必须亲自出马。在中国做CEO要知道得更多。

这也解释了为什么中国的学术界、政府和企业家三方交流的论坛数量远比美国多。我曾经询问一些企业家宁愿付费也要参加论坛的原因。他们说：“我们要了解政府政策的最新动态，了解政府对政策的解读以及将如何执行。”

第二个差异是文化方面，大多是围绕着人的文化。中国文化中特别注重人际关系和面子的价值。举例来说，美国公司可以有效率地做360度反馈评估，作为绩效考核的重要部分。但在中国，进行这种评估非常困难，因为员工不愿意给出如此诚实的评估——他们担心可能会因此得罪同事，破坏了个人的关系。在美国，如果上级严厉批评员工，他们会说：“那是针对事情的，不是针对个人的。”在中国，对事和对人是很难分开的。所以，在中国做事方式不同——即使你想达到同样的目的。

《麦肯锡季刊》：*2006年你回中国担任清华大学经管学院的院长，从个人的角度来说，是否因文化差异而遇到困难？*

钱颖一：当然有。作为一名社会科学家，我对中国的经济和企业作过很多学术研究，但这只是理论上的。但是直到担任院长，我才更加明白其中的问题。我在美国生活了25年，所以在某些方面举止更习惯于西方的规则。我也经历过许多曲折才学到一些教训。我把这种情况称之为“逆文化冲击”。

在西方，做事的流程是这样的：在会上讨论，之后通过投票来决定。在中国不是如此——会议通常是最后一步，只是走个形式。开会之前你必须先同其他人沟通，而不是在会议之中。而且，51%的多数票并不足以让你做决策。取得一定的共识很重要，在这个意义上，每个人在某种程度上都有否决权。这些东西只有当你亲身经历过才学得到，没有人会事先告诉你。

如同许多经济学家一样，我曾经倾向于弱化文化层面的因素。但是现在我很关注这方面。这使我想起了我认识的伯克利加州大学的一位心理学教授，他所做的关于跨文化心理学的研究[3]。他和合著者向实验的参与者展示了一张图，一条鱼在一群鱼前面游动。多数美国受试者认为那条鱼是领导者，但多数中国受试者认为那条鱼是异类。这就是植根于认知心理学的文化差异，需要我们去认识。

3 Michael Morris and Kaiping Peng, "Culture and cause: American and Chinese attributions for social and physical events," Journal of Personality and Social Psychology, 1994, Volume 67, Number 6, pp. 949–71.

由**Dominic Barton（鲍达民）**和**叶梅**共同进行访谈。前者为麦肯锡董事长兼全球总裁，常驻伦敦分公司；叶梅是麦肯锡资深咨询总监，常驻上海分公司。

中国式能力建设

王平，Karel Eloot，Gernot Strube

能力建设必须理实交融、激励并举和植根文化。

能力建设已被诸多中国企业视作一大当务之急。本文所讲的能力建设是指领导能力、管理能力与团队合作能力，而非技术方面的能力。随着中国的劳动力成本优势难以为继，企业必须寻求提高劳动生产率与内部协作的解决之道，以贴近客户需求和提高风险应对能力。

中国企业和各国企业一样面临着阻碍能力建设的挑战——如缺乏周密筹划和足够资源。除此之外，若干“中国因素”的影响也不容小觑。首先，中国企业对具备优异领导才能和国际经验的经理人的需求远远超过供给。严重的供需失衡造成能力建设更为窒碍难行，就算那些培训投入远超中资企业的跨国公司也是如此（中国人才大战白热化的一个结果就是，跨国企业请来建立、执行新项目的外部讲师往往在相关工具和内部流程到位之前已经一走了之）。跨国公司面临的另一项长期挑战就是中国的国情与文化，因此必须加以适度的本土化调整方才可能适用。

至于中国的国有企业，不少国企这几年才从政府机构转型成为商业实体，在适应市场竞争和培育真正的商业思维方面，还有很长的路要走。它们通常没有一套符合市场规律的员工晋级体系，或是错将能力建设当作课堂上的照本宣科，因此对业务很难产生实质影响，而且国企的奖惩制度往往缺乏灵活性，包括经理人在内的员工很难改变自己的行为和建立正确的思维方式。

虽然跨国企业和国有企业面临的挑战不尽相同，我们与这两类组织（还有中国私营企业）领导人的合作经验却显示出一些放之四海而皆准的共通性。我们在此提出助力企业扫除能力建设障碍的三大建议。

1. 理实交融

或许是受传统填鸭式教育影响，现今许多中国企业能力建设仍局限于课堂上的照本宣科。如果能力建设能够深植于实际的运营活动并与受训员工的激励挂钩，那么建立新能力就更容易被员工所接受。

我们知道的某大型国企的一家炼油厂有意识地将能力建设计划与经营业绩目标的达成相结合。该公司选派约30名变革骨干负责提升12个方面的生产效率，包括提高能源利用率与设备的可靠性。整个过程中员工们可以将学到的专业与管理技能运用在实际工作中，并且能迅速取得成效，包括能耗减少10%。

再以某中国的汽车合资企业为例，多年来只生产成熟市场的车款，近期决定在华开发新车款。该公司为此成立了“企业大学”，鼓励众多部门进行跨职能协作，包括技术、财务、制造、采购、质保与销售，同时增强了与全球总部之间的沟通，以确保新车成功上市。这样的能力建设计划因为有明确目标，每个人都能感同身受并尽力而为。

从以上例子可以看出，深植于实际工作并以突破具体挑战为目标的能力建设计划，最终能获得广泛支持。长久以来，人力资源部门的培训计划重量不重质，像跨职能协作和领导技能这类关键项目往往被搁置。即便时至今日许多人力资源部门做的也不外乎是监督薪资与福利，人才培训大多只靠基层企业自发的推动。随着行业流程与价值链的复杂度加深，创新变得日益重要，企业也需要更完整的培训方案。

2. 激励并举

在中国，等级和官僚文化依然是提升绩效的一大绊脚石。努力工作并不一定就能获得提拔或是足够的奖励，掌声总是留给资历最久、级别最高而非最能干的人。在这类企业的生态环境中，最重要的就是不犯错，因此没有人愿意承担风险。

某中国国有重工业企业就面临着上述问题。大部分领导是从技术岗转为管理岗的，没有接受任何适应角色转换所需的培训与辅导。升迁与奖励完全取决于资历与技术能力，而非整体的领导力、管理才干或潜力，公司也没有集中的教育或学习资源帮助其填补这方面的能力缺口。最终，部分年轻有为的经理人选择离开了企业。

相反的，也有善用激励的国有企业。为了让变革计划持续下去，某国有企业建立了一套能力认证制度，绩效超越同侪的变革骨干可以获得正式认证，这与GE的黑带计划十分类似。目前该企业规定资深经理必须先通过认证才有资格争取升迁，并且从变革计划产生的利润增长里拿出10%来鼓励参与变革计划的员工。由于员工亲眼看到这些举措对提升绩效的成效，也知道有机会获得公司高层的认可，因此参与率显著提高。

3. 植根文化

相较于欧美案例研究，中国员工对于贴近本国文化的能力养成教材接受度要高很多。本土讲师在广泛的组织推广中更了解本地知识，可信度高，也更能打消员工的疑虑。

一家全球工业包装领先企业由于产品的高度同质化和市场分散而遭遇激烈竞争。企业试图运用其全球商业卓越计划来加速推动增长。然而销售人员无法将海外市场的经验应用到中国市场，员工的积极性因此遭到重创。

解决方法看似简单——开发中国本土教材解决问题、根据中国市场常见的产品设计商业案例，以及用符合中国文化的比喻与范例将全球培训教材本土化，但经验告诉我们上述方法其实很容易被忽略。以前我们在培训经理人“七种浪费”以及“精益”理念时，会用咖啡机做例子。但是最近在一家国有企业上课时，我们却发现公司经理人无法理解咖啡机的例子，因为他们从来没用过。最后我们改成了泡茶。

王平是麦肯锡全球董事，常驻香港分公司；
Karel Eloot（艾家瑞）是麦肯锡全球资深董事，常驻上海分公司；
Gernot Strube（司徒诺）是麦肯锡全球资深董事，常驻香港分公司。

中国上海。某证券交易所员工拿着麦克风评论股票。对于投资者来说，在中国预测行业前景，比几年前困难多了。

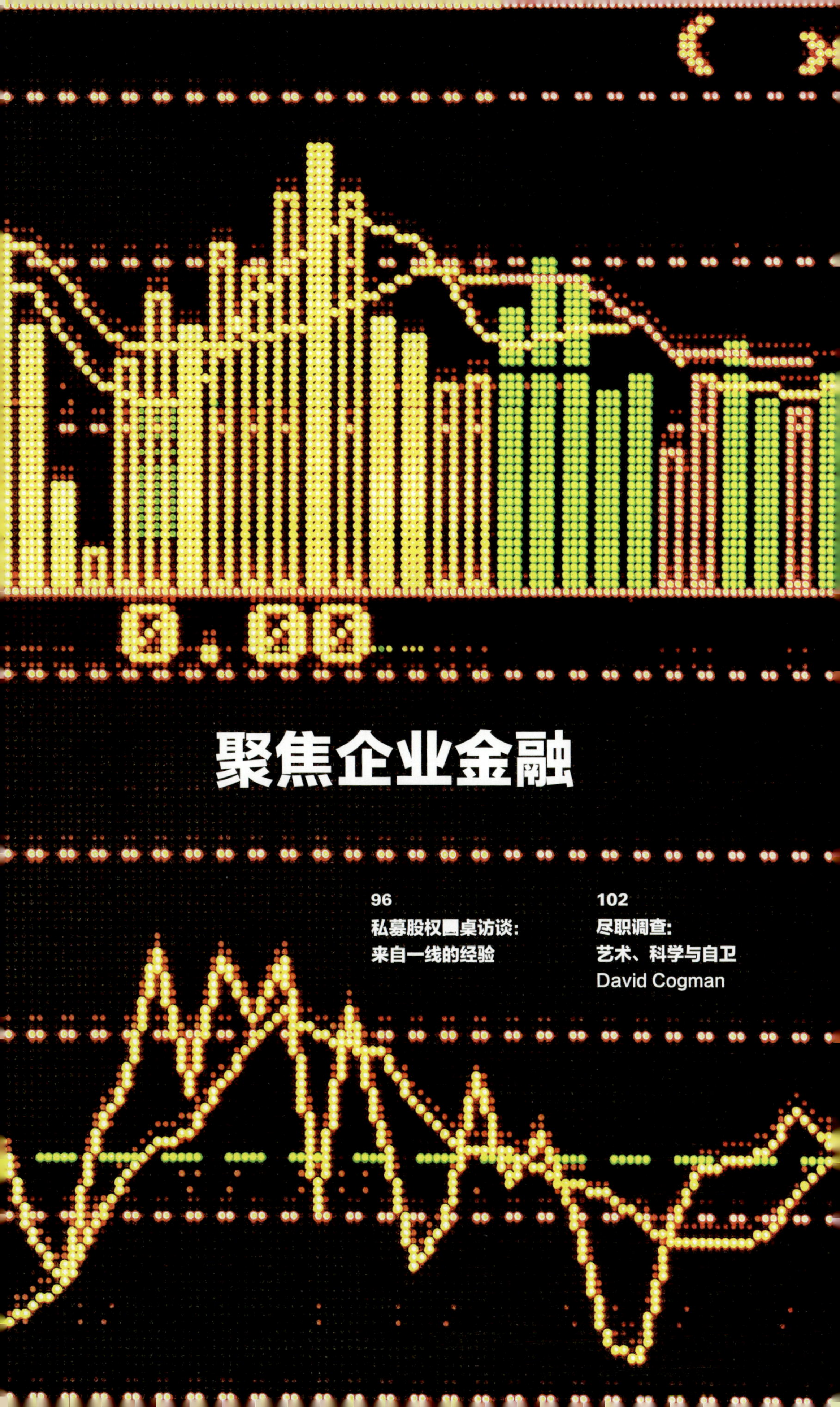

聚焦企业金融

96
私募股权圆桌访谈:
来自一线的经验

102
尽职调查:
艺术、科学与自卫
David Cogman

私募股权圆桌访谈：来自一线的经验

投资人若懂得运用不同的技能组合，未来仍大有可为。

自2011年起至今，中国的政治、经济环境较之从前已有所改变，对投资人的热情形成一定程度的影响。麦肯锡全球董事 Bruno Roy（罗颐）近期于北京与四位一线私募股权投资人就私募股权的未来前景展开对话，他们分别是私募股权基金德太投资公司合伙人 Jin-Goon Kim（金珍君）、加拿大年金计划投资亚洲公司私有商务投资部董事总经理 Suyi Kim（金秀咿）、弘毅投资董事总经理邱中伟和贝恩资本亚洲有限公司董事总经理竺稼。我们对此次圆桌访谈的精华做了梳理以飨读者。

《麦肯锡季刊》：首先请各位谈一谈中国私募股权投资的现状。

竺稼：我脑海中浮现的第一个词是“转型”。21世纪第一个十年的投资环境非常好：营收和利润持续上升，资本市场也相对宽松，许多私募股权公司取得了优异的回报，因此2007年到2009年之间吸引了大量新的普通合伙人投入战局，但最近几年比较辛苦。前瞻未来，我们不认为2014年之前会出现反弹，目前既没有宏观经济的顺风车可搭，又缺乏有利的退出选项。不过，我们仍看到许多机会，但要把握这些机会需要不同的作法和不同的技能组合。

邱中伟：在过去，光靠投资建筑材料、机器设备或出口导向的行业，就有机会获得高于平均的回报率。但推动中国经济增长的力量正在逐渐改变，现在要选出哪些行业是赢家，已经不那么容易了。基础工业及其相关行业还剩多少上升空间？城市化还能不能持续创造优异绩效？现在是不是消费品相关的行业才是所有投资的重心？这些都是让我们纠结的现实问题。

金秀咿：在私募股权市场的发展上，中国大约落后美国20年、落后欧洲10年，但一如其他新兴市场，中国正在逐渐成熟。我们看到随着整体增长速度放缓，越来越多的钱在追逐有限的投资机会。普通合伙人不能仅依赖整体经济增长和一进一出的倍数增加，他们势必需要选择那些有更多附加价值和多元退场选择的项目。

金珍君：过去十年来中国私募股权市场的变化，比美国或欧洲要快上一倍。在五年或十年前，最重要的是钱和关系——你若在IPO前投入，通常会有不错的回报。之后随着新业者的加入，公司势必要发展自己的优势和特殊专长。到了第三阶段，也就是我们现在所处的阶段，私募股权公司主要做的就是帮助创业家创建更好的公司，以及增加业务的价值。私募股权公司必须选出赢家，但随着宏观和行业环境不断改变，未来能制胜的行业越来越少，且每一个行业只会有少数的赢家。现在不是投入一个业务而不去积极管理，就能坐享两到三倍的回报，而是要想办法在制胜的行业中培养有实力的领导人，以创造可观的回报。许多普通合伙人都还没经历过完整的经济循环，还没有机会从错误中学习。因此，他们未来免不了要遭遇一番艰辛拼斗。

***《麦肯锡季刊》：**在中国，私募股权公司很少握有多数控制权。作为少数股东，你们如何发挥影响力？*

金秀咿：中国的模式有时候跟西方模式差异很大，因此能不能影响创业家、管理团队和多数股东，以及建立适当的默契等，对普通合伙人来说就非常重要。有一点要特别谨记在心，就是许多公司业主对私募股权投资人究竟能带来多少价值是存疑的，因此私募股权公司必须让他们了解这样的模式是可行的。

金珍君：作为首批进入中国市场的国际私募股权公司之一，我们向来以投资我们能发挥影响力或共享管控权的大型知名企业为主。即使作为少数股东，我们也能增加价值，帮助企业建立业务并实现有效的治理。

竺稼：我们要么掌握百分之百的控制权，要么拥有庞大的影响力——我们不会做被动投资。因此，我们的投资项目数量比其他业者来得少。但作为投资人，我们并不打算取代管理团队。相反的，一般会让我们的组合经理与公司的管理团队一起研拟战略和推动具体举措，不论我们在交易中拥有的是控制股权还是少数股权。

邱中伟：如果你做的是少数股权投资，仍想要发挥庞大影响力，那么

Jin-Goon Kim（金珍君）是德太集团(TPG)的合伙人及运营团队成员，德太是全球领先的私募股权投资公司，旗下管理资本约550亿美元。他同时也担任北京李宁有限公司执行副主席及执行董事，以及广汇汽车服务股份公司董事会副主席。

Suyi Kim（金秀咿）是加拿大年金计划投资亚洲公司私有商务投资部的董事总经理，常驻香港，负责管理1726亿美元的加拿大年金计划基金。

邱中伟 是北京弘毅投资董事总经理，该公司成立于2003年，是中国本地私募股权行业的先锋业者，旗下管理资产约68亿美元。

竺稼 常驻香港，是全球另类资产管理业者贝恩资本董事总经理，旗下管理资产约700亿美元。他同时也担任亚新科工业技术公司和宇视科技有限公司的非执行董事。

对管理团队进行尽职调查就很重要。我们会在投资前进行背景调查，尤其是针对私人企业的首席执行官。了解这些人的过去是非常重要的，特别是创业家过去十到十五年之间都做过些什么，例如跟曾经与这些人共事过的业内人士谈一谈。即使某些行业看起来很有吸引力，我们还是要确认真的很喜欢公司的首席执行官之后，才会进行投资。我们宁可投资对CEO有信心的平庸行业，也不愿在我们不信任CEO的情况下进入朝阳行业。

《麦肯锡季刊》：中国要怎样才能拥有美国常见的那种杠杆收购？

金秀咿：过去三十年来，许多公司都是由第一代企业家经营，他们并不想交出管控权。但随着经济结构逐渐成熟，我想未来会看到比较愿意考虑全面收购交易的新一代企业家。

邱中伟：许多中国企业为了支持增长所需的资本支出和运营资金，资产负债表上已经显示过度操作杠杆。但随着增长趋缓、借款减少，可能会有更多自由现金流可以支持收购交易。

竺稼：杠杆收购交易需要杠杆！但这对人民币计价的境内基金来说几乎是不可能，如果是境外，杠杆结构在税务不具备特别的吸引力。最近分众传媒的交易是一个例外，因此后续发展值得观察。

《麦肯锡季刊》：哪些行业最令你们感到振奋？

邱中伟：我们喜欢保险和金融这类服务业，因为这些行业会因为人口逐渐富裕、老龄化而受惠，但还有管制问题有待克服，我们当然会特别留意那些过去仅依赖低廉的人工成本、低廉的能源成本和低廉的污染防治成本的企业，因为它们不可能单靠这三个因素来维持长期的成功。

竺稼：中国这二三十年来作为世界工厂这条路可能已经走到了尽头，特别是如果你拿中国和斯里兰卡、越南等国相比。未来反而是创新型的业务，也就是人工成本较不重要或特别强调技能的领域，中国会更具竞争优势。但在某些行业，人工成本的优势仍相当重要。我们投资了一家IT工程能力很强的公司，而该公司比起欧美同类企业有很大的成本优势。

金珍君：中国采取消费拉动经济增长的战略，因此我们也配合这样的战略进行投资，这包括投资零售消费品、医疗保健和科技、媒体和电信等行业。我们也会持续投资我们已具备深厚专长的行业领域，例如金融服务和能源。我们最成功的交易也都是在这几个行业，如达芙妮国际、联想、深圳发展银行和泰凌医药。

《麦肯锡季刊》：你们认为未来企业在挑选对外并购对象时，私募股权公司也会参与吗？

邱中伟：这对中国企业来说是很大的改变，中国目前有70多家企业入选《财富》世界500强，无可否认其中大多数是国有企业，不像联想和海尔充分以市场为导向。我个人的看法是，中国企业仍缺乏全球运营的能力，中国的市场和法律结构很不一样，再加上又有一个非常庞大的国内市场可以聚焦。私募股权公司对中国企业的海外并购，当然可以提供一定的协助。

金珍君：德太集团承接过许多跨境业务，例如将美国企业带进中国，以及将中国企业带进其他区域。目前还在进行更多类似的案子，我认为私募股权公司在补充人才库和提供外国市场的专业知识上，将能发挥很大的作用。

竺稼：有些公司需要全球专业知识，有些则应该更集中精力找出适当的国内增长战略，毕竟国际扩张是非常艰苦的过程。我常请中国企业家告诉我为什么他们认为有能力完成海外并购，以及为什么他们会比现有业主经营得更好。他们说到是想买技术，我会就点出有很多取得技术的方法，既不需要买下制造该技术的公司，又不需要花大钱。例如，为什么不考虑签订技术授权协议？

《麦肯锡季刊》：一些行业的外国企业常抱怨中国本地企业享有不平等的竞争优势。从私募股权的观点，你们是否也有同感？

金秀咿：部分审批流程似乎会偏袒本地企业，而某些敏感行业也不允许外国公司取得所有权。不过，对拥有泛亚洲或全球平台的外国企业来说，其优势是若中国市场不看好，可以将资本调度到其他市场。长期而言，我相信随着监管环境日趋成熟，货币交易逐渐自由化，对外国投资人的限制应该会解除。

金珍君：本地的私募股权公司确实享有进入特定管制行业的权力，特别是金融服务业。但真正重要的还是拥有强大的运营能力，拥有本地关系且在本地商业环境下运作的本地团队，以及显示引进全球资源和国际行业专长的能力。

邱中伟：随着传统增长资本型交易逐渐消退，以及私募股权业逐渐朝积极所有权模式转型，我认为本地业者在这方面比较落后，需要积极追赶。外国同行可以带来真正的运营专长和深厚的职能技术，如定价、品牌和精益运营等领域，以及在全球运用的各类技能。如果本地公司不提升这些能力，就可能会被竞争对手抛下。

《麦肯锡季刊》：你们在中国一直非常积极。这一路走来，你们认为学到最重要的一课是什么？前瞻未来你们最担心的又是什么？

邱中伟：学到最重要的一课是投资事业最关键环节在于人，而且企业家的素质比预测回报率更重要。目前面临的最大挑战是在我们的组合公司中缺乏合格人才。另外，我们应该更清楚掌握未来几个月的政策变化方向，这对于组合公司和未来几年的投资战略会有很深远的影响。

金珍君：我们主要学到的就是找到能对行业做出正确判断、拥有良好关系和资源，对自己所属行业有深刻洞见的优秀合伙人是非常重要的。在七到八年的投资期间，我们不需要每一件事都做对才能塑造市场或实现业务转型，这就是我们花这么多时间和精力去了解潜在投资企业领导团队的原因。

至于风险，我们应该要记住的是，私营企业的发展时间不长、程度不一且变化莫测。目前的结构还未达理想，且私营企业又缺乏足够的管理人才、运营能力和取得资源的渠道。

竺稼：我认为投资人必须了解的一点是，他们究竟是把钱投到机构业务还是个人业务。另外，也许你认为中国30年来都不曾停止增长，其实不然。经济景气可能很短暂、很突然，存在不少政策和经济结构层面上的风险。

此圆桌访谈由麦肯锡全球董事**Bruno Roy（罗颐）**主持，他目前常驻北京分公司。

尽职调查：艺术、科学和自卫

David Cogman

中国赴海外上市公司的退市风潮引发了投资人对尽职调查的再思考，更加大了对暴露个中问题的微妙线索的搜查力度。

某一类公司持续受到诚信质疑，实属罕见。2011年和2012年在美国上市的中国公司[1]总市值直落72个百分点，每五家公司就有一家摘牌退市[2]，而就在此期间纳斯达克指数上涨了12个百分点(见图)。另外，美国并非中国企业退市的特例；2008年以来，赴新加坡上市的中国公司中每十家就有一家已退市或停牌。

退市对投资者信心的伤害程度难以估量。市值普遍滑落难免伤及无辜，即使最透明、最诚实的中国公司也会被投资者看作不良公司的一丘之貉。

在人们熟悉的东南融通案中，这家总部位于中国的软件公司于2011年被指控欺诈；再比如在加拿大上市的中国公司嘉汉林业，受到欺诈指控后宣布清算计划，如此种种令投资者担忧。当初上市之时，这些公司确实遵循相关程序，但却以某种方式逃避了本该发现问题的上市监管规定和监管汇报环节。这些案件多涉及欺诈，如果走常规审计不可能查出其提供了虚假或误导性文件，因为这种审计主要依据的是公司自己提供的信息和文件。不错，这些涉案公司的确是由四大事务所做的审计，它们多数是通过首发上市或美国主要投资银行反向收购而上市的。以往的案例表明私募与战略投资人即使进行了详细、专业的调查，也可能疏漏会计诈骗。舞弊调查能起到重要作用，但成本高且耗时长，而且也并非十拿九稳。

1 依据：2012年1月年518家公司在美国上市，公司所在地在中国内地或香港且相当一部分收入直接来自中国。

2 过去两年共有106家公司退市；美国证券交易委员会正在进行会计调查，可能意味着更多公司将被勒令退市。

图 近年来，在美国上市的中国公司的总市值大幅下滑

股东整体回报率指数：2010年12月31日的市值 = 100[1]

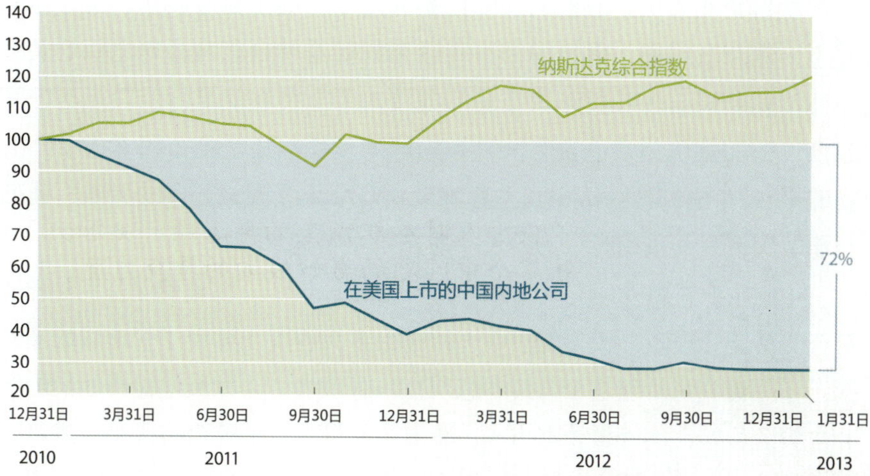

[1]股东整体回报率指数取440家公司从2010年12月31日到2013年1月31日每月股东整体回报率指数波动的中值

资料来源：彭博；Datastream；麦肯锡分析

当然，这类问题并不仅仅限于中国企业，只是因为中国的增长和稳定对世界经济非常重要，中国公司自然成了投资人关注的中心。一些缺乏透明度、审计质量不高的国家，也存在同样的问题。要消除投资人的顾虑可能必须回归投资本质。归根到底，调查中寻找和检验事实的过程也是建立对公司的信任感的过程。金融、组合证券和公司投资者需要重新关注常规法规和监管披露之外的问题，笔者就此讨论了几个方面：治理、管理、融资、市场环境和合作等。这些指标本身并非决定性的，也不能取代其他方面的审查，因为判断的过程不是简单地跟着感觉走。但这些指标可以提供具有价值的线索，引导人们透过表面“健康”察觉到隐藏在其中的暗流。在这个意义上，它们就有了特殊的作用，应该列入投资人在审阅尽职调查结果，以及与被投资公司管理层互动时谨记的检察事项表。

治理

公司治理值得关注的理由有很多。首先，治理如果薄弱，就如同为管理团队中的不法之徒打开了闸门。例如，如今公司资源明显配置不当的问题少于以往了，但近期仍可见于在美国退市的公司中。有这样一个案例，某公司董事长就在从美国投资人募资的前夕将公司资产转至自己名下，而且伙同首席执行官隐藏消息不予披露。

治理安排也能反映出高管团队对其权力与责任的理解，这些见诸于其大大小小的行为模式中， 有些时候完全可以作为早期预警的信号。以很多中国私营企业为例，它们的实际控制者是唯一的少数股股东。虽说这本身并不一定存在问题，但值得去审视股东如何看待自己与公司之间的关系。一些诸如公司与控股股东间交易的细枝末节上往往能显示出股东对公司的态度。他们是认为自己负有一种被信赖的责任？还是把公司看成了个人致富的平台？ 他们是否认识到并尊重公司与个人之间最起码的界限？他们是否能做到在公司重组时尽力给予小股东公平待遇？

中国企业在海外证交所尤其是美国股市上市时， 需要确保公司治理体系符合交易监管规定。相关流程中选择在很多大程度上体现了管理层的动机、揭示了改善公司治理是否为其本意所在。管理者是否认真地提升他们的管控和决策流程？在高管层管理方式、董事会对管理层的监督方式是否进行了切实的整改，还是由管理者做些象征性的改变以应付监管？ 没有全心全意地推行治理合规举措，就可能是更深层次问题的一大征兆，甚至出现有些听起来天方夜谭的问题，比如一个已然上市的石油燃气开采公司是否确实存在的问题。

管理

几家从美国退市的中国公司被指控在审计中提供了欺诈性交易文件。有些情况下，欺诈行为是高管层下属所为，有时候高管甚至并不知情，有一家能源公司被查时就曾如此宣称。 彻底查出此类问题的唯一途径是舞弊审计。不过投资人也需要当心有关管理层行为的除高管团队及其与治理标准合规以外的一些警示。

如何才能做到呢？很多投资人要采取的第一个步骤是考察公司的专业管理后备实力。拼凑一支高素质团队在路演中给投资人留下好的印象相对而言不是难事。在首发上市过程中，中国很多中小盘股公司派出了非常出色的领导团队，近来一些公司还依靠重量级成员为其信誉度加分不少。相比较之下，对管理层而言，尤其是处于人才短缺、昂贵的中国市场时，更难的是打造长期服务于公司的优秀运营经理梯队，这往往需要数年的经营。 管理人才的深度是体现公司是否志在长远的指标， 如果深度不足就可视为公司存在深层问题的信号。

公司管理能力与增长计划不匹配是另一个潜在问题。如财务总监计划更新公司的财务规划，投资人应确认财务团队是否具备跟进所要求的规模和经验。如果公司计划扩大生产产能，就应该考虑是否有足够多的生产经理在加速新产能的同时还能管理好现有产能？如果公司计划海外制造，是否具备可以在外语环境下工作的总经理人选？这些问题看上去显而易见，但却往往被忽视。

经营管理的质量也是体现实地审查价值的另一个方面。良好的工厂运作很难培养，更难于作假；运作不善，只需参观一次就会被训练有素的人发现。即便只是短短一个小时的视察，只要认真加以利用就可以准确地捕捉到人员配置、库存水平和库龄以及工厂开工率等信息。如果工厂不配合这样的视察，就需要引起警觉了。公司的生产如何、服务运作如何？是否有良好的可视化管理系统？是否有证据证明其健康性、安全性和环保及质量系统？是否经常性地使用其检测实验室，桌子上是否布满灰尘？对这些问题给出肯定回答并不能说明一个公司就是可信任的，但得到否定回答就有理由担忧了。

融资

财务管理是最大的风险因素之一，至少在中国如此。要做出合理全面的评估只能进行全面的调查，不过也可以从公司的商业银行关系中看到是否存在支持欺诈的条件，而且可以通过与经理的坦诚对话迅速地评估这些指标。从美国退市的几家公司就有与银行合伙在审计文件中造假者，有违反银行监管规定私下成交贷款、过度使用杠杆者，也有获得不必要贷款然后从公司转移出现金者。投资人应该提出几个问题：公司与几家主办银行有关系还是依赖于一家银行？与公司存在关键财务关系的机构是主要的、受人尊敬的国家银行还是规模较小、不太出名的省级或市级银行？公司的业务对该银行某分行或某几家分行的重要性如何？所有这些因素固然不能构成金融违法，但也可以提供条件使金融违法变得更容易。

类似地，从公司贷款的结构和时机上也能发现不少端倪。投资人要审视公司是否为了绕过一些规定而在贷款便利架构和项目结构上大做文章（比如，将一个项目分成几个部分，使其资金需求符合贷款审批员的权限）。是否存在没有明确需求的融资，比如在公司资产负债表上明明有着充足现金的情况下还发生借款、而且也没有显著的改善？公司当前的融资模式是否与其投资计划很匹配？

通过常规审计发现这些领域中的欺诈行为需要漫长的过程。运营完善的公司往往主动为投资人提供透明信息，不主动披露本身就是一种警示。无论什么情况下，密切观察交易银行关系和融资都能可以是预警问题，即使尚不能明确指出问题所在。

市场背景

一些从美国退市的公司仍然在不透明和被保护的市场运营， 譬如大打广告、向高度集中监管下的市场进口某些燃料或农产品或在某些地区经营物流基础设施等。从投资人的角度看，这些现象突出地体现了某些深层次的东西：在开放市场上有效竞争的公司本质上比那些在封闭生态经济体系下吃得开的公司要更可信。

当然，很多受保护行业的公司是可靠的、值得信任的。只是对投资人而言，相信这一点并不容易；令之更为扑朔迷离的是中国银行提供的低成本融资在某些领域中发挥的作用：那些表面看似积极竞争的公司，可能不过是浮在人为低成本的资本之上而已。

对存疑的投资人而言，本文所阐述的其他指标也可以有所帮助。另外，很多中国公司已经在向更开放的竞争过渡。以中国电信设备商为例：如今从原来的国内市场主导者成功进入国际市场，在没有政府支持的情况下完全依靠自身能力立足。还有一些民营或国有企业在国内市场上面临的先天竞争有限，这往往是由于监管旨在建立更为稳定的行业框架便于政府管理而造成的。如果政策支持成为公司业绩驱动的一个因素（如导致产能过剩的太阳能板制造行业），通常表现会相当明显而且这种公司很少能持续发展。

合作

最后一个比较可靠的公司信誉度表征是公司与商业伙伴的合作。很合理地，投资人可以做出这样的结论：如果一个公司与同一家领先的跨国公司组建了多家合资公司，说明一定成功地通过了有经验的经营者对其数轮严密的审慎调查。这样的公司可能仍然是存在问题的，但其可靠度足以让跨国公司继续与其建立新的合资公司而不是转向其他的潜在合作伙伴。

然而，这种推理并非毫无破绽。在中国，由于投资限制规定迫使很多行业的跨国公司与国内公司合资， 而且有些跨国公司显然也有合作决策失误。

在臭名昭著的高速铁路案中，跨国公司本希望协助他们解决本地市场问题，最后变成本地合作伙伴是否开发自身技术平台的争论。

• • •

回首过去，两年的退市风潮也起到一定的有益的影响。 在退市压力下，很多公司和私募投资人不得不加强正式审慎调查的深度与力度。这也同时刺激了股权调查的繁荣发展，开展此类研究的分析师们专门审核上市公司可能的欺诈行为。这些人员固然不讨那些被调查的公司的喜欢，但他们的工作对传统调查而言起到了非常关键的平衡作用。摘牌下市也迫使美国证券交易委员会严密监督某些审计的可靠性和可接受性，这样也更可能提高实践的标准。最后，笔者期望投资人更谨慎地对待他们赖以决策的信息，在解读这些信息上能考虑得更周详、更谨慎。○

作者谨向Ravi Gupta、Rishi Raj和Rachna Sachdev对本文所作的贡献表示由衷的感谢。

David Cogman（岑明彦）是麦肯锡全球董事，常驻上海分公司。

趋势

如火如荼的中国网络零售业

陈有钢，张如琪，Richard Dobbs

在中国，11月11日被戏称为“光棍节”或“双11”。中国大学生在20世纪90年代“发明”该节日，原意是与“情人节”相对抗，而在网络时代，庆祝这个节日的方式就是购物狂欢。2009年网络零售集团阿里巴巴将其视为促销契机，光棍节便随之登陆网络。各大网络零售商家（包括京东、亚马逊、当当、苏宁及凡客）竞相效仿，销售额迅速攀升。2012年，销售额高达40亿美元，比美国零售商在圣诞节前的网络星期一（pre-Christmas Cyber Monday）的销售额高出两倍多。

而这显然对网络基础设施造成巨大压力。为了这一非官方节日，中国

图 光棍节网购神话

11月11日网购收入，十亿美元

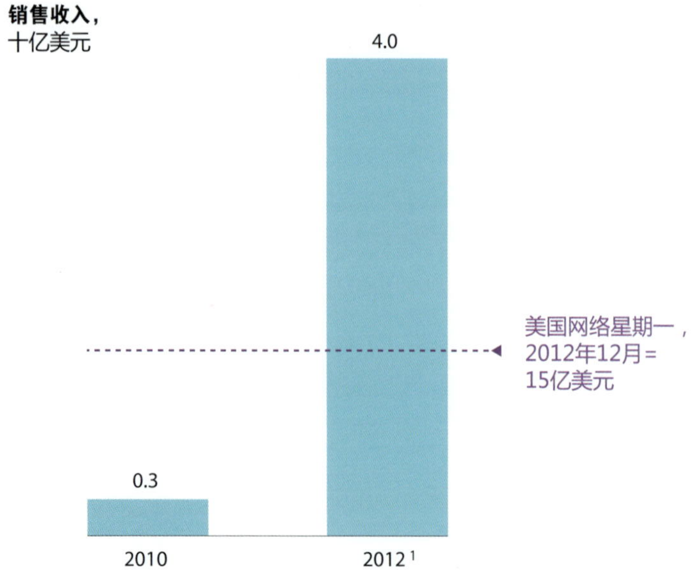

[1] 阿里巴巴2012年销售份额达~30亿美元

资料来源：comScore；Zhou Ping, “China: The Singles Day online boom,” blogs.ft.com，2012年11月13日；麦肯锡全球研究院分析

快递服务需要比平常多投入的几万车辆及员工，才能完成配送。2012年的网络交易洪峰甚至超出了网银系统的负载极限。

陈有钢是麦肯锡全球董事和麦肯锡全球研究院中国院长，他同时也是大中华区消费与零售业务的负责人；

张如琪是麦肯锡全球研究院高级研究员；

Richard Dobbs是麦肯锡全球研究院全球资深董事，常驻首尔分公司。

中国城镇化成就斐然。然而，既有的粗放式模式已经不合时宜，城镇化转型刻不容缓。

聚焦城镇化2.0

112

户改：让更多人圆市民梦

Jonathan Woetzel，陈有钢，李秀军

118

中国城镇化新思考

——“城市中国计划”专家做客“城市会客厅”

新型城镇化系列改革之一

户改：让更多人圆市民梦

Jonathan Woetzel，陈有钢，李秀军

以人为本的新型城镇化已写入新一届政府工作报告之中。把握机遇打造城镇化2.0版，必然涉及户籍、金融、财税等重大改革课题。我们结合与各路专家的深度访谈，对一系列配套改革进行了思考。我们将从本期开始逐一介绍，以期抛砖引玉，凝聚共识。

过去20余年，中国城镇化进程取得的成就斐然。根据麦肯锡中国模型估计，1990年中国城镇化率是22%，2012年达到55%。日本和美国分别用了30年和40年才完成同样的增幅。然而，既有的粗放式城镇化模式更多偏重“量”的扩张，积累的问题和矛盾日益凸显，城镇化转型刻不容缓。城镇化2.0版强调“人”与“资源”这两个核心发展，一是要从“物”的城镇化转化到“人”的城镇化。二是城镇发展模式要从外延扩张、粗放发展转向内涵为主、通过结构优化实现集约发展。

要实现“人”的城镇化，就必须加快推进户籍制度改革，有序推进农业转移人口市民化，逐步实现城镇基本公共服务覆盖常住人口，为人们自由迁徙、安居乐业创造公平的制度环境。如果不能解决这个问题，城镇化率将只是漂亮的统计数据。然而，知易行难，这在户籍改革上尤为明显，目前2亿农民工只有大约200万通过各种途径获得了城镇户口[1]。

多位与我们访谈的专家指出，各地*“户改一直在缓慢，稳定且自然地进行”*；*“但迫于政府内部压力进展缓慢”*；*“经济发展，年龄结构改变和劳动力成本的上升使得户改越来越紧迫”*；*“之前为了推动城镇化获得最好的资源和人力，政府动用了行政手段（户籍制度），但给城市造成了人口承载压力，而现在要想放松户籍政策，将会导致更多的人口流入城市；但如果不放开控制，政府则必须用其他方面的行政手段（比如汽车限*

1 数据源于《时代周刊》对中国人民大学经济学院陶然的采访。http://bt.house.sina.com.cn/news/2012-12-06/11254029.shtml.

牌等）来缓解城市压力”。

户改破冰

自改革开放以来，中国逐步放开户籍制度。1990年至2012年，城镇户籍人口由2.4亿增长至约4.8亿，而城镇常住人口则于同期增长至7亿（见图1）。

图1 过去30年中国户籍制度演变

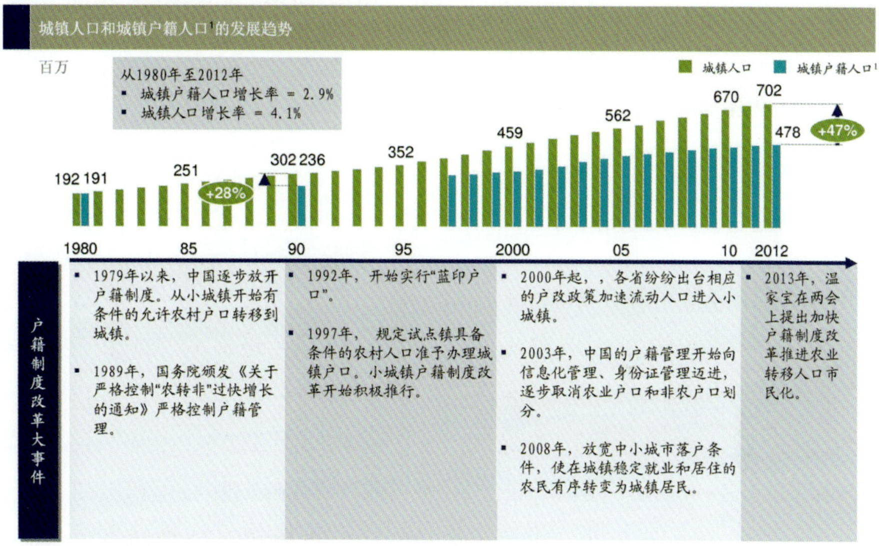

1 根据中华人民共和国公安部对户口的分类为农业户口和非农业户口。非农业户口就是一般理解上的城镇户口。 现泛指不享受农村土地分配权的人所拥有的户口。这里的城镇户籍人口即统计局公布的非农业户口人口

资料来源：CEIC；新中国六十年统计资料汇编；麦肯锡全球研究院中国模型

2亿多的流动人口占总体劳动人口的25%左右。流动人口由于教育和技术背景的限制，大多从事建筑，餐饮等要求技能相对较低的行业，其收入与当地居民相差较大。例如2010年，农民工的月工资为1690元，同期城镇职工平均月工资则为3096元。据我们估算，超过40%的流动人口停留在城市的时间少于5年，居留时间过短，导致了他们难以接受更好的技能培训。

同时，由于户籍制度的限制，流动人口无法享受当地的医疗教育养老等保障福利。例如，目前只有10%和14%的流动人口可以享受城镇养老保险和基本医疗保障，而城镇职工的比例分别为74%和68%。公共服务的资源分配也存在很大的城乡差异和地域差异。例如，城市中每千人拥有7.6位医护人员，而县域里每千人仅拥有3位，中西部欠发达地区差距更大（见图2）。收入水平低下且不能享受基本社会保障，使得流动人口的消费及

投资意愿低下，难以在城市定居，从而形成某些发达城市中的打工者贫民窟，或者新建城市区域的空心化，不能维持稳定的城镇化发展。另外，由于流动人口不能定居城市，城市劳动力短缺可能会提早出现。据估算在2000年到2010年期间，80%的城市劳动力的增长来源于农村到城市的流动人口。与此同时，农村的适龄劳动人口（25到64岁）从61%降至51%。

图2 户籍制度带来社会保障与福利的不平等

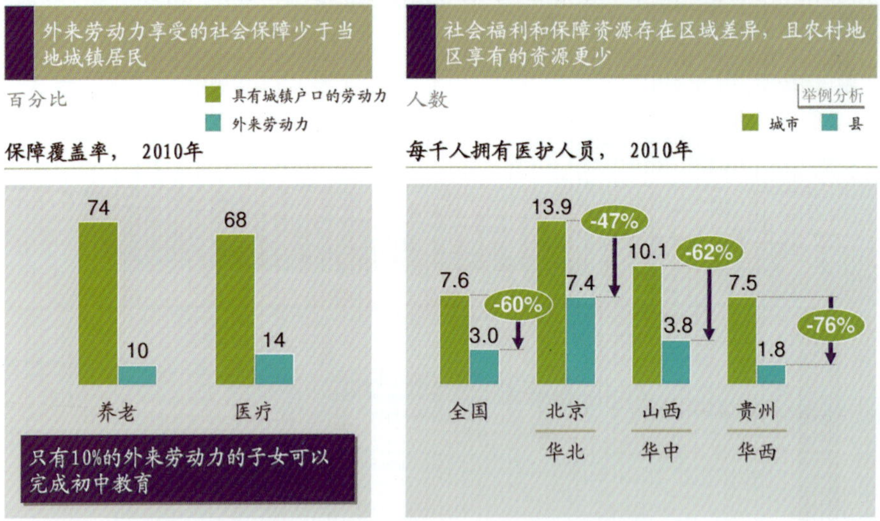

资料来源：CEIC；人力资源与社会保障部；国家统计局；世界银行；渣打银行全球研究；麦肯锡全球研究院分析

户改之难

我们认为，户改最根本的难点在于地方政府的财政压力。如果户改对城市的经济发展利小于弊，那么地方政府自然不愿推动，甚至抵制户改。

把符合条件的外来人口转为城镇居民，就意味着城镇福利制度覆盖的范围、城市整个基础设施和社会公共服务必须扩大，这对城市的“财源”形成了严峻考验。一些原本财力不足的小城市在经济下行期还可能出现失业加剧的状况。接受访谈的专家认为，大城市需要10万~15万元人民币接收一个农村流动人口，小城市需要5万~6万，所以户改非常需要财税政策支撑。因此，户改破题有赖财税体制改革。1994年分税制以来，地方“财权”不足是无法回避的现实问题。若地方政府的财力不能保证，户改动力就无从谈起。由此可见，户改对地方政府的财政收入、中央与地方的资源统筹安排和计划能力提出了更高要求。

当然，地方政府同时也应考虑开辟新径增加财政收入，比如能否增加企业社保投入，怎样增加社保投资收益。但专家也指出，*“由于保护地方利益的意愿，彻底的户口改革永远不会在一线城市发生。”*

难点之二，城市能否为流动人口提供足够的就业机会。这就要求私营企业，尤其是中小型企业和服务业得到长足的发展。我们认为，现行的金融改革应深化，一方面增大对私营企业的融资及贷款扶持，另一方面改善目前在服务行业投资不足的状况，扩大私营企业的就业并增加劳动者的收入。台湾在城镇化进程中就非常重视中小企业发展，通过《中小企业发展条例》实施“辅导中小企业方案”，并予以资金扶持，实行“扶植民营工商业”的政策。台湾官办银行把对民间企业贷款作为主要业务之一，对民营企业的贷款额逐渐超过国营企业。

难点之三是社会压力。专家们指出*“户改主要面临由两个群体带来的社会压力：第一，流动人口。现在的流动人口相对年轻且受过更好的教育。如果城市没有准备充分，而大量的流动人口涌入，一旦出现社会问题的导火索，他们很容易联合起来反对城市居民。第二，中产阶级。中产阶级是内需的主要推动力。但如果中产阶级十分强势，他们会要求民主，平等和自由，并会责难和抵触为提供公共资源而增加税收。出于对社会福利被摊薄以及税负的考虑，城市中产阶级将是户改最大的反对者。”*因此在改革初期，谨慎的理念引导、健全的治安系统和社区管理非常必要。

户改之利

“户改的最终目的就是为了缩小收入差距以刺激消费和投资需求”。我们认为，户改对经济的影响主要从居民储蓄率、劳动力供应和劳动生产率等几个方面来表现。

1. 降低储蓄拉动消费

通过户改扩大社保的覆盖率并减少流动人口与户籍人口的保障利益差距，有望降低居民尤其是2亿流动人口的预防性储蓄。据我们之前的研究显示[2]，中国的消费GDP占比可因社保改革提升0.6%至1.8%。

据我们研究，如果不推动社保改革，中国居民的整体储蓄在GDP占比将由目前的24%降至2025年的19%[3]。如果流动人口的社保覆盖率由目前的10%左右提高到50%，同时对他们的人均社保支出翻倍，中国居民整体

2 麦肯锡全球研究院 2009年8月报告《积极消费：释放中国的消费潜能》。

3 按2013年3月麦肯锡中国模型估计。

储蓄率有望降至17%。在不增长收入的情境下，预防性储蓄的降低可提高居民消费意愿和城市投资需求（主要包括对城市住房和城市基础设施和公共设施的需求）。

2. 增加劳动力供给，或将提高生产率

户改可有效增加城市的劳动力供给，尤其是对工业和服务性行业。虽然农村的劳动力供给会出现下降，但我们认为并不会对整体经济产生大的影响。在足够的就业需求前提下，流动人口在城市定居并接受技能培训，有更广泛的行业选择和就业机会，从而优化的劳动力资源配置，提高劳动生产率。据统计，2011年农民工在农业，工业和服务业的分布大致为12%：54%：34%[4]。粗略估算，假设各行业劳动生产率不变，如果目前从事农业的流动人口有一半经过技能培训进入城市的工业行业，则2012年到2025年的GDP的增速会提高0.2%；如果进入服务性行业，GDP的增速会提高0.1%。如果所有农民工都能进入城镇的工业和服务业行业，且分布比为60%：40%，到2025年中国的GDP增速可能提高0.3%[5]，平均劳动生产率可提高3.3%（见图3）。不过，劳动生产率的提高可能带来工资上涨，也会使企业，尤其是劳动力密集型企业面临人力成本压力。

图3 外来劳动力的技能培训可提高GDP和劳动生产率的增速

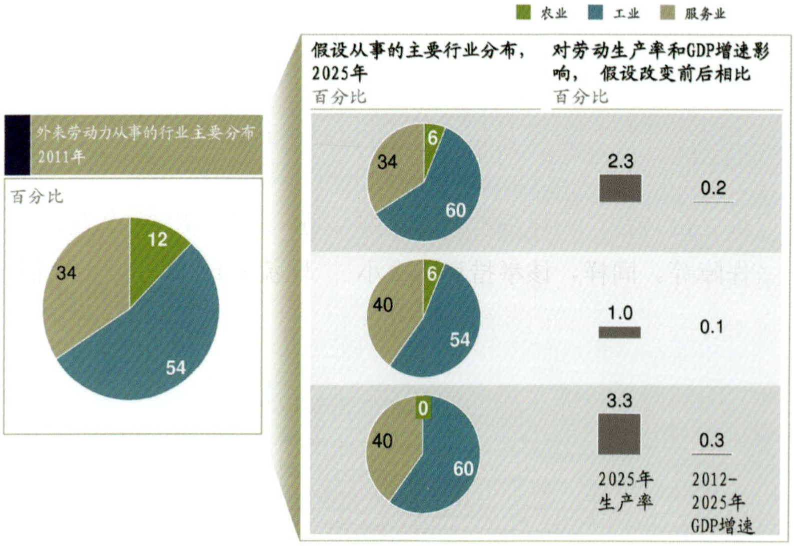

资料来源：2011年我国农民工调查监测报告；中国国家统计局；麦肯锡全球研究院分析

4 2011年我国农民工调查监测报告，中国国家统计局。

5 按2013年3月麦肯锡中国模型估计，从2012年至2025年中国GDP增速为6.6%。如果假设三大行业各自的劳动生产率不变，农民工就业行业分布的转变可以使GDP增速提高至6.9%，同时使全行业的平均劳动生产率提高3.3%。

作为推行新型城镇化，拉动中国内需的重要一环，户籍改革需要配套改革相辅相成的并进，最终取决于各利益相关方统一的时间表以及执行力度。○

户籍改革的建议

我们认为户改的根本在于社会保障改革和土地制度改革。可考虑从三方面同时入手，包括放低户口转移条件、增强社保的独立性，以及改革土地流转制度。

放低户口转移条件：放低对居住时间或者学历等户口转移条件，同时加速社会保障的配套转移，缩短衔接期和简化繁琐的程序。鉴于目前区域发展的不均衡性，放开转移条件需要从中小型城市逐步向大城市以至全国推进。

增强社保独立性：享受社保的权利应独立于户籍地域限制，扩大社保可受益区域，加大长期保障的可移植性，比如养老金账户可跨区域自由转移，医疗基本保险可跨省保障等。同样，该举措可从中小型城市或部分区域内开始实施逐步推进到其他区域。日本在城镇化过程中，政府为新进城农民提供与城市居民同等的社会保障和身份，并严格保护劳动者，避免农民进城失地再失业，避免了城市流民阶层的出现。

改革土地流转制度：作为城镇化的载体和农民生存之本，合理的土地利用和流转制度是改革的必要条件。专家提到“户籍改革和土地改革相辅相成”。土地合理资本化土地配置市场化，保障农民公平交易土地的权利，并制定补偿制度，防止激进的城镇化侵犯农民的土地权益。台湾在城镇化过程中进行了三阶段的农地制度改革，在不触动农民土地所有权的前提下促进经营权与所有权分离，扩大农业经营规模，奠定城镇化基础。中国土地流转改革根据实地情况试点推行，比如重庆的地票式交易、成都土地确权流转、天津宅基地换房都取得了不同程度的效果。

Jonathan Woetzel（华强森）是麦肯锡全球资深董事，常驻上海分公司；
陈有钢是麦肯锡全球董事，麦肯锡全球研究院中国院长；
李秀军是麦肯锡知识专家，常驻上海分公司。

中国城镇化新思考

——"城市中国计划"专家做客"城市会客厅"

3月18日，城市中国计划联席主席、麦肯锡全球资深董事 Jonathan Woetzel（华强森），麦肯锡公司全球资深董事、中东及非洲基础设施项目负责人Herbert Pohl（赫伯特·波尔）作为"城市会客厅"采访嘉宾，与国家发改委城市和小城镇改革发展中心主任李铁一道，聚焦城市发展热点、重点和难点问题，以国际视角探讨中国城镇化。担任主持人的冯奎是中国城市和小城镇改革发展中心研究员，城市中国网总编辑。

冯奎：您认为中国城镇化有哪些本质特征或者鲜明特征？

华强森：中国的城镇化有许多特点，其中，规模、速度和进展是最突出的三大特点。除了中国，没有一个国家有这么大的城镇化规模，在相对较短的时间内快速工业化，提高生产力，这是中国城镇化的独特之处。

我还发现了很有意思的一点——中国城镇化不仅仅是经济的发展，更是社会的发展，并且对环境造成了很大影响。中国城镇化的独特性就在于，它将所有因素综合考虑，并立即着手解决问题。比如，我们在北京已经看到了城镇化的一些负面影响，尤其是空气污染。有人将北京雾霾与伦敦烟雾相比较，虽然两者对公众健康的影响上相类似。伦敦花了50多年才基本解决雾霾问题，而北京却必须立刻调动人力物力应对，这是中国的一大挑战，也可视作一大机遇。

赫伯特·波尔：首先我们应该认识到，中国城镇化道路与美国所采用的道路是完全不一样的。比较之下，我们总会感到惊讶，因为即使在中国的二、三线城市，居民都超过了百万。其他国家其实都在关注着中国，想了解中国的情况。

李铁：中国和一些东亚国家有着相似的高速增长，城镇人口从百分之十几一跃过半。但中国城镇化与其他国家存在许多不同，中国完成了7亿人口的城镇化，而世界上没有任何一个国家经历过如此大规模的快速城镇化。

冯奎：中国地方政府在推进城镇化的过程当中，应该重点研究哪几个方面的问题？

华强森：作为中国城镇化的参与者，我认为中国地方政府推进城镇化需要重点研究三方面问题——首先应秉持可持续经济发展理念，不能总是徘徊在价值链的低端走低成本扩张之路，而要通过创新，通过与其他城市进行资源、人才和市场的协调和集成化，制定最佳发展策略。

其二，中国应该从以土地为本、以GDP为本的城镇化，转变为以人为本的城镇化。以人为本的城镇化需要对不同城市具体考虑，不同人口规模的不同要求，并以满足各个人群的需求为导向，发展城镇化。

第三是环保问题。中国城镇化在计算成本时，需要考虑资源是否得到有效利用、环境是否受到不利影响等等，这些不仅是我们当前的问题，更将成为我们未来几代人的问题，只有审慎进行当前的发展，才能保住人类的未来。

郝伯特·波尔：我认为中国应该提高资源利用率。现在很多地方将资源和基础设施视为免费和理所当然的，这个时候，正确制定定价机制尤为重要。现在很多城市已经针对交通堵塞等问题推行了一些定价机制，希望这样的模式能推广到其他资源及基础设施领域。

我还期待中国成为建造新城市的典范。城市发展并非一时风光。80年前，圣路易市曾是美国的第四大城市，如今连前五十也排不上，此外底特律的兴衰也是有目共睹。与这些城市相反，30年前几乎没人愿意去的曼哈顿，如今却发展得非常好。这充分说明城市发展到一定阶段后，转变发展模式至关重要。这也是我期待中国未来发生的转变。中国在应对城市化问题上已经取得了一些进展，已经相当成功，但未来中国需要面对的，很可能也是发展（模式）方面的问题。

李铁：中国要在城镇化过程中，吸取其他国家的经验教训，避免走弯路。但考虑到中国国情与国际经验的不同点，如果生搬发达国家做法，只会产生更多问题。就拿中美来说，中国人口是美国的5倍，资源却不及美国的二分之一，如果中国也以资本替代劳动，人口就业问题就会成为另一个难题；而如果中国也修建宽敞的马路、大量绿地、森林公园和生态公园，就会导致资源的过度浪费，影响城市其他功能的体现。

因此，中国在学习发达国家经验的时候，首先需要关注如何校正自身的发展模式；如何破除传统的城镇发展观；如何学习西方国家先进的经验，不能照抄照搬。

第二，在大量农村人口进入城镇的同时，我们又有户籍制度、土地制度限制人口的流动。在这一点上，中国与其他国家不同，无法学习他国经验。但有一点是我们必须面对的：在大量人口进入城镇的过程中，发达国家是在城市中解决城市贫民问题，而中国却是在排斥进城，农村人口的公共服务还要到农村解决，这就造成了城乡二元差异，导致了社会矛盾的激化。另一方面，被纳入城镇化的人口享受不到公共服务，依然停留在农村消费，无法带动内需。

我们需要向西方学习，在城市中解决这些贫民问题。2012年，2.63亿中国农民工当中，1.63亿是跨区域就业的，还有1亿农民工在本乡镇就业，其中的1.63亿农民工至少包括7300万流动人口，他们的公共服务要在城镇解决，就意味着在哪里就业就要在哪里解决公共服务问题。

第三点就是怎么实现可持续发展的道路，实现低碳、集约、高效利用资源的城镇化发展道路。我们现在学习欧洲、美国和其他国家，很多时候学习的是表象，没有利用政府手段更好地进行资源配置，反而走上了一条粗放的发展路径，摊大饼地发展，更多注重外表，没有解决人的问题。

冯奎：20世纪90年代，中国出现了合资潮，跨国公司纷纷来到中国寻求商机，如今围绕中国城镇化发展，跨国公司再次来到中国寻求合作与发展机遇。中国新一轮城镇化给跨国公司带来了哪些方面的机遇？哪些领域可能有强劲发展？

华强森：中国城镇化影响着全世界。麦肯锡全球研究院的报告显示，2025年，全球前600大中型城市当中，将有225个在中国，这些中国城市的生产总值预计将占全球GDP的30%。中国城镇化如果成功，将对全球GDP造成极大影响，这就是为什么跨国公司关注中国城镇化。

中国城镇化还会影响全球市场。跨国公司现在将其高级团队派到中国，了解中国如何利用能源、交通运输、环保等于城镇化相关的技术，再将技术和经验带入全球市场。

郝伯特·波尔：众所周知，在过去的十年里，大量农村人口涌入城市，但中国的城镇化与其他国家的城镇化到底有何不同？从城市规划的表象来看，中国的城市是垂直的，而国外则主要是水平发展的平面城市，两者差异巨大。

• • •

由于中国城市的规模非同一般，其他国家城镇化经验也许并不十分适用，但是中国的城镇化经验却可以为非洲等一些地区所用。如何解决农民工的问题？如何管理城市的扩张？如何以半官方的形式提供公共服务？如何解决相应的技术问题？如果中国解决好这些问题，就可以在其他一些国家的城镇化过程中，输出自己的经验和技术，在这些方面发挥带头作用。

本文由城市中国计划（Urban China Initiative）传播专员林舒整理，特此致谢。

McKinsey Quarterly

2008

《领导力与创新》

《中国的全球挑战》

《应对气候变化》

《女性与领导力》

2009

《危机：管理的新时代》

《医疗改革从何入手》

《政府与商界：新时期新规则》

《争夺亚洲消费者》

2010

《剧变时期的战略与领导力》

《明察战略决策偏见》

《如何在重新平衡的全球经济中竞争》

《非洲：经济增长的新大陆》

《十大技术趋势改变商业模式》

2011

《2011议程构想》

《如何重启增长》

《乐观的中国消费者》

2012

《创新中国》

《社交媒体与新消费时代》

《建设世界级的中国企业》

《城市化的中国：机遇与挑战》

2013

《识时变 驭天下：修炼新时代领导力》

《中国新篇章》

北京

麦肯锡公司北京分公司
北京市朝阳区光华路1 号
嘉里中心南楼19 楼
邮编：100020
电话：(86-10)6561-3366
传真：(86-10)8529-8038

上海

麦肯锡公司上海分公司
上海市太仓路233 号
新茂大厦17 楼
邮编：200020
电话：(86-21)6385-8888
传真：(86-21)6386-2000

香港

麦肯锡公司香港分公司
香港中环花园道3号
中国工商银行大厦40楼
电话：(852)2868-1188
传真：(852)2845-9985

台北

麦肯锡公司台北分公司
台北市信义路五段七号47 楼
邮编：110
电话：(886-2)8758-6700
传真：(886-2)8758-7700